HISTOIRE DE LA CRITIQUE LITTÉRAIRE DES XIXe ET XXe SIÈCLES

Du même auteur

Essais

- *Fou de Dieu ou Dieu des fous, l'œuvre tragique d'Élie Wiesel*, Bruxelles : De Boeck, 1989 (Épuisé).
- *Pourquoi parler d'Auschwitz ?*, Bruxelles : Les Éperonniers, 1991.
- *Au nom du père, de Dieu et d'Auschwitz*, Bern : Peter Lang, 1997.

Recueil de Nouvelles

- *Légendes en attente, nouvelles*, Québec : L'Instant même ; Dole :Canevas-éditeur, 1993 (Prix de Wever).
- *La vie malgré tout, confessions nouvelles*, Québec : L'Instant même, 1994 (Prix Renaissance de la nouvelle).
- *La guerre est quotidienne*, Ottignies : Quorum ; Québec : L'Instant même, 1998.

Romans

- *Un jour, ce sera l'aube*, Bruxelles : Labor ; Québec : L'Instant même, 1995.
- *Raphael et Lœtitia, romansonge*, Paris : Alfil ; Québec : L'Instant même, 1996.
- *La vie oubliée*, Ottignies : Quorum ; Québec : L'Instant même, 1998 (sous le pseudonyme de Baptiste Morgan).

HISTOIRE DE LA CRITIQUE LITTÉRAIRE DES XIXe ET XXe SIÈCLES

Vincent Engel

ACADEMIA
A B
BRUYLANT

D/1998/4910/19 ISBN 2-87209-512-8

Grand'Place, 29
B-1348 Louvain-la-Neuve

Imprimé en Belgique.

INTRODUCTION

Aristote apparaît, dans notre culture occidentale, comme le père incontesté et incontestable de la pensée critique. Sa *Rhétorique* et sa *Poétique* allaient déterminer, pour de nombreux siècles, une conception du geste littéraire et de ses réalisations. Cependant, il serait absurde de faire remonter à un seul homme la constitution d'une civilisation complète, même d'un de ses aspects : la critique littéraire. Si Aristote, se penchant sur les œuvres de la Grèce antique, et tout particulièrement sur celles d'Homère, fait travail de critique, il n'en a pas conscience au sens où l'auront ses lointains successeurs du XIXe siècle ; comme le formulera Thibaudet en 1922 : « Avant le XIXe siècle il y a des critiques. Mais il n'y a pas la critique. »

Le mot de critique est ambigu ; la culture française lui donne, dès le XVIIe siècle, un sens nettement péjoratif, qui lui est resté. Critiquer revient à ne voir que l'aspect négatif des choses. Le critique est celui « qui trouve à redire à tout », précise le *Dictionnaire* de l'Académie, en 1694 et, dans le sillage, on aboutit à cette autre formule devenue légendaire : « La critique est aisée, et l'art est difficile » de Destouches qui, dès 1732, signe quant à elle le fossé qui ne sera jamais comblé entre critique et artiste. Un siècle plus tard, Flaubert sera plus sévère encore : « On fait de la critique quand on ne peut pas faire de l'art », écrit-il dans sa correspondance. L'idée s'installe donc, plus ou moins fondée, que le critique est un écrivain rentré, sinon raté, qui se consolerait, dans le meilleur de cas, et se vengerait dans les autres, de son échec artistique.

Qui plus est, la sagesse populaire, qui n'est, par ailleurs, jamais effrayée par la contradiction, prétend qu'il n'y a pas de fumée sans feu… Trop d'écrivains ont affirmé cette infirmité de la critique pour qu'elle soit totalement fausse. Sainte-Beuve en fera les frais plus qu'un autre. L'apparition en France, au XIXe siècle, de professeurs qui s'appropièrent les buts et les méthodes de la critique littéraire, n'allait pas arranger les choses. Il faudra attendre le XXe siècle pour voir des écrivains renommés endosser sans vergogne – et avec succès – la toge du critique. Et encore : il reste admis, dans les milieux universitaires, que l'on ne saurait être à la fois professeur et écrivain…

Si l'on met de côté les mauvaises querelles, il n'en reste pas moins que la scission entre création et critique jette une lumière intéressante sur le double mouvement de cette dernière : si l'on considère la création comme la mise à jour d'un mystère, comme l'expression particulière et unique de ce qui, jusque là, était silence, on constate que la critique partage ce cheminement vers la conscience par le langage, mais qu'elle le fait dans un deuxième temps, après cette cristallisation particulière qu'est l'œuvre d'art. Elle est une parole qui se greffe sur une parole qui lui est antérieure, qui lui semble supérieure artistiquement et qui paraît surgir du néant ou d'un abîme que seul l'artiste était à même de sonder.

Au-delà de l'approche psychanalytique de l'écriture, et qui voudrait qu'écriture et savoir s'opposent mutuellement, la critique se pose comme l'explicitation d'un message dont la valeur réside par ailleurs dans la pluralité des significations. Si Villiers de l'Isle-Adam, plus conciliant que Flaubert sur cette question, propose que « [c]omprendre, c'est le reflet de créer », on n'en reste pas moins dans un reflet, donc dans une illusion, un mensonge relatif, un discours de deuxième main, de deuxième temps. L'acte critique a plus affaire avec les carabiniers d'Offenbach qu'avec ce « rêve étrange et pénétrant » qui donne naissance à la poésie ; il vient toujours après l'acte créatif, si on excepte en partie les œuvres d'imitation qui ne sont pas, à proprement parler, de la création, le cas d'Aristote et celui de Boileau qui, avec son *Art poétique*, allait définir la création pour une période remarquablement longue. Cela dit, la critique ne devrait pas perdre de vue que les définitions qu'elle propose – par exemple dans la question des genres – ne sont, au mieux, que des descriptions.

Il n'empêche que la critique a acquis ses lettres de noblesse et a su mettre au point, au fil des siècles, des outils scientifiques qui permettent à ceux qui s'en servent de magnifier l'objet littéraire, d'en extraire des gisements précieux qui, sans elle, seraient restés à jamais insoupçonnés, d'en polir des facettes qui ne le rendent que plus brillant. Bien que certains écrivains s'en irritent avec plus ou moins de bonne foi, elle est devenue un des éléments essentiels dans la définition de la littérature ou de la littérarité pour employer dès à présent un des concepts qu'elle a forgés : une lecture, particulièrement pointue et attentive, lecture sans laquelle tout livre ne peut rester que lettre morte.

LA CRITIQUE, DU XVIe AU XVIIIe SIÈCLES

Au XVIe siècle, on ne note pas grand-chose dans l'histoire de la critique au sens où nous l'entendons. L'époque est au déchiffrement, à la mise en place de nouvelles valeurs, de nouveaux concepts. On redécouvre l'Antiquité pour mieux comprendre le présent et fonder l'avenir. Montaigne lit beaucoup, mais dans le seul but de s'enrichir personnellement, de percer le mystère de la vie et de la mort. Si esprit critique il y a – et l'on n'en peut douter –, il ne cherche pas à fonder un discours autonome sur les productions artistiques et se transforme directement en œuvres ou en essais. Critique directe, qui n'est pas le reflet de la pensée d'un autre, mais la transcription de celui qui parle. Les livres offrent un enseignement que l'on prend de première main, aux doses massives de Gargantua, ou avec le discernement, dicté en partie par la peur de l'ennui, de Montaigne.

La fin du XVIIe et le début du XVIIIe siècles retentirent des éclats de la Querelle des Anciens et des Modernes. Ce débat déterminera une des orientations de la critique littéraire et, malheureusement, pas la plus pertinente : la question qui consiste à déterminer ce qui est de la « bonne », de la « grande » littérature. Du côté des Anciens, Boileau, Racine, Furetière, La Fontaine, La Bruyère... défendent la primauté de l'héritage antique, du « classicisme » ; seul le temps permet de dégager les œuvres que le consentement universel consacrera. De l'autre côté, les Modernes – Corneille, Perrault, Fontenelle, Chapelain... – pour qui étudier le passé est du temps perdu, se prévalent du rationalisme cartésien. La logique leur apprend que, puisque l'histoire est un cheminement incessant vers le progrès, toute génération nouvelle ne peut qu'être supérieure à celle qui la précède ; de même pour les outils dont elle se sert pour créer. Mais le goût a trop affaire liée avec la mode ; il n'évolue pas de la même manière, sautant d'un caprice à l'autre. C'est dès lors la Raison, universelle, absolue et infaillible, qui déterminera un Beau abstrait et absolu au nom duquel on pourra juger de la valeur des œuvres.

On voit se dessiner, dans l'approche des Modernes, certains éléments de la critique littéraire telle qu'elle se déterminera à partir du XIXe siècle : une littérature dépend de son époque, elle est déterminée par le milieu dans lequel elle voit le jour. Fontenelle parle même d'une influence du climat sur la création. Tout serait donc relatif : il faut juger les œuvres non dans l'absolu, mais en fonction de l'époque dans laquelle elles s'inscrivent. Toutefois, ce relativisme est battu en brèche par cette conception du Beau universel que la Raison est supposée nous enseigner. Dans la foulée de la création de l'Académie française par Richelieu, en 1635, les Modernes vont prôner une esthétique nationaliste, proclamant le génie incomparable de la langue et de la culture françaises – prétentions qui trouveront des échos chez les premiers critiques du XIXe siècle.

Avec les Modernes, la poésie française perdra, pour près d'un siècle, son authenticité, mais la critique trouvera son terreau rationaliste. De là date aussi la séparation entre l'écrivain et le savant ; le premier doit créer sans se soucier de maîtriser la connaissance de ce qui le précède ; le second prend à son compte ce savoir délaissé par le créateur. De là encore, les écueils les plus « ridicules » de la prétention française, qui consiste à prétendre que peu importe ce que l'on dit pour autant que cela soit bien dit, et que le label « français » suffit à proclamer la suprématie du produit sur toute autre œuvre venue d'ailleurs…

Le XVIIIe siècle restera sous l'emprise du dogmatisme – que ce soit celui des Anciens prétendant que le temps passé détermine la valeur d'une œuvre ou celui des Modernes préférant s'en référer à un Beau absolu accessible par la Raison. On notera quelques cas de critiques de sentiment, mais l'essentiel de la critique portera sur les « défauts » des œuvres dont on parle. On assiste alors à l'élaboration de listes particulièrement peu intéressantes des défauts supposés de telle ou telle œuvre ; même Voltaire, qui fit découvrir à la France de nombreux auteurs étrangers, se permit de donner des conseils – un peu tardifs – à Corneille ou Molière.

Les choses « sérieuses » n'allaient commencer qu'au XIXe siècle, sous l'influence conjuguée – pas toujours harmonieuse – de l'héritage de l'académisme né de la Querelle et de l'influence de l'Allemagne – directe par l'École d'Iéna, indirecte par Mme de Staël.

Ecole d'Iéna, fin du 18e s.
pivot Johann Fichte, disciple de Kant
Le mot est né autour de 4 crises

a) politique
b) métaphysique
c) religieuse
d) esthétique.

LA CRITIQUE AU XIXe SIÈCLE

IÉNA ET LE ROMANTISME ALLEMAND

À l'extrême fin du XVIIIe siècle, un groupe d'intellectuels allemands – poètes, philosophes, critiques, traducteurs et essayistes – va se rassembler à Iéna, ville universitaire où enseigne Johann Fichte (1762-1814), disciple de Kant. Parmi eux, on retrouve les frères August et Friedrich (théoricien) Schlegel, Schelling (philosophe) et Novalis (poète). Au travers, entre autres, de leur revue, *Aethenäum*, ils fondent les bases du premier romantisme et tentent de mettre en place un système artistique qui jouerait le rôle d'anti-Révolution – la Terreur sévit déjà en France. L'esprit est, à leurs yeux, l'unique moyen de changer le monde. Pour y arriver, il faut mettre en œuvre un travail créatif de groupe, l'individu seul ne pouvant aboutir à rien. Ils rédigent collectivement des textes, sans signature autre que celle du groupe, composés de fragments – ce qui deviendra un élément essentiel de leur esthétique.

Ils cherchent à répondre à une quadruple crise ; politique, tout d'abord, avec la Révolution française. Ils s'opposent à cette dernière, mais constatent qu'il n'est pas possible de revenir en arrière ; il faut donc fonder de nouvelles valeurs et ils envisagent de le faire au travers de l'art. Ce qu'ils privilégieront, ce ne sera plus une organisation fondée sur la théologie ou sur les principes d'égalité, mais une conception de l'homme basée sur son intériorité dans ce qu'elle a de plus élevé. L'homme, le « moi profond », est au centre de la pensée romantique (Schlegel).

La deuxième crise est philosophique et a été provoquée par Emmanuel Kant. Ce dernier a introduit la subjectivité au cœur de la faculté de pensée, en bouleversant au passage les fondements de la métaphysique, interdisant tout discours sur l'absolu. Pour les romantiques, l'art seul permettra de faire l'expérience de l'absolu.

La troisième crise est religieuse. Le XVIIIe siècle a connu, tant dans le catholicisme que dans le protestantisme, le dogmatisme et l'allégeance au pouvoir politique. Le jansénisme, entre autres, s'y est opposé, reprochant d'une part la rationalisation de la foi, parallèle au développement des sciences connu durant le siècle des Lumières, et d'autre part, les compromissions du clergé. En Allemagne, cette réaction sera menée par Jakob Spener, qui revendiquera un retour à la piété – d'où le nom de piétisme – et à l'élévation intérieure, perçues comme l'essentiel de la foi. On va redécouvrir les mystiques rhénans, et privilégier une Église authentique et invisible.

La quatrième et dernière crise est esthétique. Au XVIIIe siècle, la musique prend la place au sommet de la hiérarchie des arts. Elle permet, mieux que toute autre expression artistique, d'atteindre à l'élévation spirituelle et de dire l'indicible. La littérature essaiera dès lors d'adapter des procédés musicaux.

Pour répondre à ces crises, les membres du groupe d'Iéna formuleront plusieurs thèses qu'ils tâcheront de mettre en pratique par leurs créations et leurs réflexions.

Ils prétendent tout d'abord faire de la littérature un absolu – prétention contradictoire puisque, dans le même temps, ils feront le vœu de ne pas aboutir à cet absolu. Ce dernier sera donc comme un horizon d'attente, non pas dans le cadre d'une théorie de la réception, mais bien d'une théorie de la production. Sur le plan religieux, pendant de cette philosophie de l'art, le geste créateur de l'artiste est supposé révéler la part divine présente en tout homme.

Annonçant les théories psychanalytiques lacaniennes, les romantiques allemands considèrent que l'homme se découvre dans le langage et par lui. Le langage ne décrit pas le monde, mais est en contact avec l'âme du monde ; c'est un mystère, un auto-engendrement qui possède son ordre propre. Les romantiques aspirent à une linguistique qui serait le modèle de toutes les disciplines – en cela, ils sont précurseurs des structuralistes.

Ils privilégient également le symbole à l'allégorie. L'allégorie est un code culturel, rhétorique, qui attribue une signification à une image. En dehors du code culturel, l'allégorie n'est pas compréhensible (exemple : la chouette, allégorie de la justice). Le symbole, par contre, est une image énigmatique qui nécessite un déchiffrage toujours partiel, puisque n'étant pas lié à un code particulier ; le symbole recèle donc une infinité de significations.

La littérature se constitue en outre dans un espace littéraire autonome qui rompt avec la *mimésis*. Elle ne visera plus à représenter le réel ; l'art s'autoproduit en partant de rien sinon de lui-même. Ceci expliquera l'importance de la mise en abyme dans les romans romantiques – on retrouve, au centre du récit, un personnage occupé à rédiger le texte qu'on est supposé être en train de lire. En se produisant, la littérature produit également sa propre théorie ; le roman – qui sera le genre privilégié, au-delà de toutes les règles, capable d'intégrer tous les types de discours – ne répond donc à aucune règle ou loi, et la théorie ne peut être définie qu'après coup, lorsque le roman a pu créer du neuf.

Parallèlement, les romantiques allemands privilégient l'esthétique du fragment. Chaque œuvre est un fragment du Livre – cette œuvre totale, réalisation de l'absolu, où chaque texte d'un auteur ne serait qu'un élément. Ils ne définissent pas ce Livre comme quelque chose de réalisé – ni même de véritablement réalisable. C'est l'ensemble de tout ce qui a été écrit jusqu'alors, de tout ce qui s'écrit encore. La Bible, d'une certaine manière, illustre ce type de Livre. Ce projet sera repris par Stéphane Mallarmé, qui en fera le projet d'un seul auteur, dont l'architecture aura, de surcroît, été préméditée.

Le fragment est ainsi la trace de la contribution individuelle à l'ouvrage collectif – par exemple dans l'élaboration d'une revue, publication qui prend, avec les romantiques d'Iéna, sa forme moderne de textes rassemblés par des personnes partageant une même visée. Le fragment se caractérise d'abord par son inachèvement ; il possède une unité, une autonomie, mais en dehors de l'œuvre ; il est le lieu idéal de l'intuition, du trait d'esprit ou de génie ; il peut être lu sans suivre un ordre précis ; plusieurs auteurs peuvent se retrouver dans un ensemble anonyme.

L'inachèvement découle logiquement des propositions précédentes. Il permet également de donner un rôle privilégié au lecteur, qui collaborera à la création de l'œuvre, laquelle se trouve, par définition, en perpétuel devenir. Pour contrer l'angoisse qui pourrait surgir d'une telle conception, les romantiques introduisent l'ironie, moyen privilégié d'assumer et de contrer les limitations humaines.

Il y a quelque chose d'éminemment messianique dans cette vision du Livre chez les romantiques d'Iéna – et dans d'autres aspects de leur philosophie de la littérature. Messianique dans le sens judaïque du terme : le Messie doit venir, il ne dépend que de l'homme qu'il vienne enfin ; et en même temps, il faut qu'il soit toujours « à-venir ». C'est un horizon d'attente vers lequel il faut marcher sans relâche, mais qu'il faut, d'une certaine manière, souhaiter ne jamais atteindre – sans quoi, cela signifierait la fin de l'attente, donc, dans le cas du Livre, la fin de la possibilité de la littérature.

Les romantiques d'Iéna développent une vision de la littérature qui influencera considérablement la création et la théorie littéraire non seulement en Allemagne, mais également dans d'autres pays, durant les deux siècles suivants. Imprégnée d'un mysticisme où se retrouvent certains éléments de la kabbale juive, elle va contribuer à figer la littérature dans une image d'absolu, qui interdira longtemps, et qui interdit toujours dans une grande mesure, de se défaire des préjugés distinguant la « grande » littérature du reste de la production écrite, voire simplement du reste de la production « culturelle », au sens le plus large du terme.

Mme DE STAËL (1766-1817), *DE LA LITTÉRATURE* (1800)

On ne reviendra pas ici sur l'influence déterminante que joua Mme de Staël sur le romantisme en France et en Italie, ni sur la découverte, en France, de la culture allemande. Mais cette connaissance d'autres cultures lui permit aussi de jouer un rôle déterminant dans le développement de la critique littéraire en France.

Ce savoir, elle le doit d'abord à ses parents – son père est le prestigieux Jacques Necker, sa mère tient un salon où viendront les plus grands écrivains de l'époque – qui l'éduquent suivant des principes rousseauistes et lui permettent très vite de participer aux rencontres littéraires qui ont lieu sous leur toit. À vingt ans, elle rédige déjà une étude sur Jean-Jacques Rousseau, publiée deux ans plus tard : *Lettres sur le caractère et les écrits de Jean-Jacques Rousseau.*

À la fois écrivain et critique, elle comprendra que la littérature n'est pas seulement affaire de divertissement ou de culture ; elle est aussi, ou du moins peut l'être, un geste politique important. Toute sa vie, elle subit les conséquences de cette conception qui, avant la lettre, déterminait la littérature comme un engagement, l'engagement d'une conscience libre.

Elle publie en 1800 un ouvrage intitulé : *De la littérature considérée dans ses rapports avec les institutions sociales.* Dans le discours préliminaire, elle précise son projet :

> Je me suis proposé d'examiner quelle est l'influence de la religion, des mœurs et des loix [sic] sur la littérature, et quelle est l'influence de la littérature sur la religion, les mœurs et les loix. Il existe, dans la langue française, sur l'art d'écrire et sur les principes du goût, des traités qui ne laissent rien à désirer ; mais il me semble que l'on n'a pas suffisamment analysé les causes morales et politiques qui modifient l'esprit de la littérature. Il me semble que l'on n'a pas encore considéré comment les facultés humaines se sont graduellement développées par les ouvrages illustres en tout genre, qui ont été composés depuis Homère jusqu'à nos jours [1].

Une telle approche reprend le meilleur des Modernes, et le meilleur des Anciens. Des premiers, Mme de Staël conserve l'idée que la littérature s'inscrit dans un contexte précis que l'on ne peut ignorer si l'on veut comprendre cette littérature. Des seconds, elle ravive l'intérêt pour les lettres classiques et renoue le présent au passé, sans lequel le premier ne peut être compris.

Pourtant elle va plus loin que les Modernes ; en dépassant les simples questions de « goût », elle affirme que la littérature n'est pas seulement une affaire d'esthétique, mais aussi d'éthique et de

---

1. Mme de STAËL, *De la littérature considérée dans ses rapports avec les institutions sociales*, p. 17.

politique. Les temps agissent sur la littérature, il n'est aucun critère éternel et universel qui peut nous la faire comprendre mieux que cette inscription dans un contexte précis ; mais en retour, la littérature agit sur le temps, sur l'homme, sur la Cité et participe activement à ce progrès constant de l'humanité.

Il faut dire que la France vient de vivre la Révolution et que Mme de Staël en a subi des conséquences désagréables – sans qu'elles lui soient pour autant fatales. Ce fut sans doute déterminant dans cette vision de la littérature, historique et sociologique avant la lettre ; mais c'est aussi l'aboutissement des fréquentations littéraires avec les plus grands écrivains du temps, français et étrangers, à quoi il faut joindre les propres qualités d'auteur de Mme de Staël. Elle réconcilie ainsi l'écrivain et le critique, même si cette réconciliation ne sera pas acquise définitivement et s'il faut chercher dans son génie particulier les raisons qui lui ont permis de combiner l'art et la critique. Ce disant, l'on touche du doigt une autre des difficultés conceptuelles de la critique littéraire : qu'est-ce que le génie ? Nous laisserons là, pour l'instant, une discussion dont on ne peut assurer qu'elle soit, foncièrement, plus capitale – ou moins insoluble – que celle sur le sexe des anges.

Cependant, le siècle allait voir apparaître une nouvelle race de critique et, par là même, la critique moderne proprement dite : les journalistes et les professeurs d'universités.

Journalistes et professeurs ne sont pas, *a priori*, faits pour s'entendre. La critique journalistique est, par essence, plus liée à l'instant, à l'immédiat ; elle se mêlera toujours peu ou prou d'humeur. À l'inverse, la critique universitaire jouera la carte du temps et de la patience – recherches approfondies, méticuleuses, études faites pour durer plus longtemps qu'un article de journal –, et s'entourera d'outils, de précautions et de concepts qui lui permettront de revendiquer une objectivité plus ou moins relative, suivant les hommes et les époques. À bien y regarder, les défauts et les qualités de ces deux approches vont plutôt se compléter ; et, avec le recul, les documents des journalistes et des professeurs permettent d'avoir un tableau plus nuancé de la littérature d'une époque, le XIXe siècle en l'occurrence.

Pourtant il ne s'agit pas ici de faire l'histoire de la littérature, ni du XIXe ni d'un autre siècle. Quelle forme va prendre la critique littéraire, après l'impulsion donnée par Mme de Staël ?

Les Absolutistes

Au-delà des opinions exprimées, la Querelle des Anciens et des Modernes traduisait une constante de la culture occidentale : un mouvement ne peut exister sans susciter un autre mouvement en réaction. Et ce que certains nomment progrès n'est, somme toute, que la réactualisation de querelles ancestrales s'articulant autour de conceptions du monde et de l'existence en nombre plutôt réduit, telles que l'opposition entre raison et sentiment, le Beau et le Bien…

On a vu que Mme de Staël opérait une synthèse originale de positions exprimées à la fois par les Anciens et par les Modernes, et qu'elle joua un rôle déterminant dans la propagation du romantisme en France et en Italie ; c'est en réaction au romantisme que les critiques que l'on a appelés « Absolutistes » vont définir leur méthode et leurs présupposés.

On peut d'emblée affirmer que ce ne fut pas là ce que la critique française a produit de plus intéressant ; on ne peut les lire aujourd'hui sans sourire, tant leurs positions semblent intenables, voire ridicules. Mais il faut remettre les choses dans leur contexte : leur pensée coule dans un courant déterminant du XIXe, défenseur d'un ordre bourgeois, dont la source remonte aux nationalismes des siècles précédents – on se souviendra des positions des Modernes sur la question de la supériorité de la langue et de la culture françaises –, et dont un aboutissement sera, à la fin de ce siècle et surtout dans la première moitié du siècle suivant, la mise en place d'idéologies fascistes, xénophobes et antisémites. On ne peut, en effet, proclamer la supériorité d'une culture sans sous-entendre, plus ou moins explicitement, l'infériorité des autres ; l'intelligence de Mme de Staël est de préférer les œuvres et les auteurs à leur nationalité et de susciter le plus large brassage possible de cultures. Elle sait qu'il n'est d'autre possibilité d'enrichissement :

> Je ne dissimule point que je vais exposer, en littérature comme en philosophie, des opinions étrangères à celles qui règnent en France ; mais soit qu'elles paraissent justes ou non, soit qu'on les adopte ou qu'on les combatte, elles donnent toujours à penser. Car nous n'en sommes pas, j'imagine, à vouloir élever autour de la France littéraire la grande muraille de la Chine pour empêcher les idées du dehors d'y pénétrer.
>
> Il est impossible que les écrivains allemands, ces hommes les plus instruits et les plus méditatifs de l'Europe, ne méritent pas qu'on accorde un moment d'attention à leur littérature et à leur philosophie. On oppose à l'une qu'elle n'est pas de bon goût, et à l'autre qu'elle est pleine de folies. Il se pourrait qu'une littérature ne fût pas conforme à notre législation du bon goût, et qu'elle contînt des idées nouvelles dont nous puissions nous enrichir, en les modifiant à notre manière. C'est ainsi que les Grecs nous ont valu Racine, et Shakespeare plusieurs des tragédies de Voltaire. La stérilité dont notre littérature est menacée ferait croire que l'esprit français lui-même a besoin maintenant d'être renouvelé par une sève plus vigoureuse ; et comme l'élégance de la société nous préservera toujours de certaines fautes, il nous importe surtout de retrouver la source des grandes beautés [1].

Et puis, rappelons-le, Mme de Staël est à la fois critique et écrivain ; elle attend un enseignement de la littérature autant qu'elle offre un enseignement sur la littérature. Mais cet enseignement, non dépourvu d'une importante dimension éthique, est « ouvert », curieux : elle souhaite être enseignée par la littérature et les écrivains, plutôt qu'elle ne prétend donner des leçons ou dicter des normes.

À lire ce rappel, on devine déjà quelle sera la coloration de la position des Absolutistes.

▲ DÉSIRÉ NISARD (1806-1888)

Voilà un homme très intelligent qui, dès vingt ans, se lance dans le journalisme au *Journal des débats*, et qui deviendra un des représentants les plus typés de la critique universitaire dans ce qu'elle peut avoir de plus figé et de plus dogmatique.

1. Mme de STAËL, *De l'Allemagne*, p. 12-13.

Il débute donc comme journaliste. Après la Révolution de Juillet, il passe au *National*, journal des libéraux, et en devient le critique littéraire en plein apogée du romantisme, dont il attaquera les figures les plus illustres, comme Victor Hugo.

Le journalisme n'était qu'une étape pour cet homme ambitieux : il gravira ensuite tous les échelons de la carrière académique, au sens belge et français du terme, puisqu'il enseignera à l'École normale supérieure, au Collège de France et à la Sorbonne, jouera un rôle déterminant dans l'administration de l'enseignement sous le second Empire, et sera reçu à l'Académie française, contre Alfred de Musset, en 1850.

Pour schématiser les choses, et pour maintenir notre référence à la Querelle, il est à l'opposé de Mme de Staël, qui avait su faire son pain avec le meilleur du grain des deux factions en opposition. Nisard et les Absolutistes, eux, semblent avoir « réussi » l'inverse : ne conserver que l'ivraie.

Aux Anciens, il reprend l'idée que seule la littérature du passé est digne d'intérêt. Le temps a coulé, toutefois, depuis la Querelle, et c'est au tour de Boileau et de ses confrères d'être honorés. Pour Nisard, la littérature idéale est celle du XVIIe, la littérature classique ; depuis, ce n'est plus affaire que de décadence, mot clé de la critique qu'il institue. En 1833, il publie un *Manifeste contre la littérature facile*, où il s'en prend aux genres prosaïques qui vont prendre une place déterminante au XIXe siècle : le roman et la nouvelle – genres qu'affectionnaient les Modernes, alors que les Anciens défendaient la poésie, la tragédie et les autres genres « classiques ». Ce sont pour lui le

> [c]adre banal de tous les bavardages, où se ruent tous ceux dont la pensée n'est pas encore ferme, qui n'ont de vocation pour rien, qui flottent entre les rêveries qu'ils prennent pour des goûts et des malaises qu'ils prennent pour des antipathies ; bons jeunes gens pour la plupart, qui écrivent en attendant qu'ils aient la force de penser, qui écoutent toutes les petites ébullitions de leur cerveau encore mou, et se croient des poètes individuels depuis qu'on leur a dit qu'il y avait des littératures individuelles, pouvant s'imposer au public par ce raisonnement : « Je pense, donc j'ai raison ! » [1]

---

1. Cité par Roger FAYOLLE, *La critique littéraire*, p. 97.

La littérature française a lentement perdu un peu de cet idéal, articulé autour de trois pôles : l'esprit humain, le génie français et la langue française – en quoi Nisard rejoint les prétentions nationalistes des Modernes. Chez lui, l'apologie du classicisme s'accompagne de celle de la France : « C'est dans le magnifique ensemble des chefs-d'œuvre de l'esprit français que j'ai appris à reconnaître l'image la plus complète et la plus pure de l'esprit humain [1] », professe-t-il. C'est « au regard de ce triple idéal » qu'il jaugera toute production littéraire, de la manière la plus simple qui soit : « ce qui s'en rapproche : voilà le bon ; ce qui s'en éloigne : voilà le mauvais ». La compréhension des textes, des mouvements littéraires et de leur vision du monde laisse la place aux jugements de valeurs dont des intellectuels, issus d'une caste particulière – l'université –, vont se faire les professionnels et les seuls détenteurs.

Avec ses collègues, tels Saint-Marc Girardin (1801-1873) – libéral, journaliste et professeur à la Sorbonne comme lui – il devient le gardien d'un Ordre bourgeois, en lutte contre toutes les valeurs qui sous-tendent le romantisme : individualité, liberté, expression spontanée du moi… Il fait œuvre de pédagogue et se détermine une mission éminemment morale à l'égard des jeunes – étudiants et écrivains – : leur donner à tous des conseils d'ordre et de clarté, cherchant ainsi à influencer tant sur la production que sur la réception des œuvres. Les Absolutistes posent *a priori* une esthétique qui définit le Beau selon les canons classiques, en y ajoutant une détermination par la moralité et la vérité. La littérature doit donc exercer une fonction moralisatrice ; à peine voit-elle le jour sous sa fonction « scientifique » que la critique entend se poser en science exacte et devancer la création, lui indiquant la voie à suivre et lui imposant des règles. Ne faut-il pas voir là aussi le zèle de toute nouvelle institution qui cherche par différents moyens à s'imposer dans un paysage social et culturel ?

La critique des Absolutistes a indéniablement un arrière-plan idéologique ; Nisard l'admet dans la préface de ses *Études de mœurs et de critique sur les poètes latins de la décadence*, où l'étude du passé lui permet de porter un jugement moral sur le présent :

1. Cité par Jean C. CARLONI, *La critique littéraire*, p. 23.

> Je suis bien plus frappé, dans l'époque de la décadence latine, des pertes que des acquisitions [...] Toutefois, si je faisais de la critique dans un temps sain, où il y eut moins d'*individualités* et plus de gens de goût, moins d'indépendance littéraire et plus de bon sens, je serais plus disposé à céder sur mes doctrines exclusives [...] Mais comme ce temps-ci est mauvais, qu'on y croit plus aux entrepreneurs de littérature qu'aux grands écrivains, qu'on y prend la témérité entêtée pour du génie, et l'orgueil immuable pour une mission ; que beaucoup perdent le goût, et, ce qui est bien plus triste, le sens moral, à lire nos écrivains autocrates et autonomes, j'ai pensé qu'il fallait prendre parti pour les principes, contre les admirations faciles et accommodantes de l'éclectisme, et que là où la question littéraire se trouve compliquée d'une question de moralité, la critique méritait mieux d'un pays libre, et montrait peut-être plus d'intelligence et de courage en venant au secours de la discipline littéraire qu'en immolant le peu qui reste de principes incontestés au prétendu besoin d'affranchir de toute entrave les génies douteux que nous réserve l'avenir [1].

D'une certaine manière, il faut reconnaître à Nisard un certain courage : il prône une critique qui prend position et défend des principes, étant entendu qu'elle ne le fait que parce qu'elle a conscience que la littérature en défend d'autres. Donc, et peut-être contre son gré, Nisard assure de la sorte un véritable dialogue démocratique, même si les lieux de parole, par leur valeur sociale respective, viennent fausser quelque peu les règles du jeu. Il va plus loin, d'ailleurs : en attribuant une telle mission à la critique, il dote la littérature – en l'occurrence, tout particulièrement la littérature française – d'une importance qui dépasse largement le seul cadre esthétique :

> La critique peut être, selon les temps ou les lieux, ou une spéculation, ou un devoir. Dans un pays où la littérature n'a pas une action immédiate sur l'état social de la politique des peuples, où c'est une distraction instructive bien plus qu'un agent direct de civilisation, un miroir qui réfléchit la société bien plus qu'un levier qui la porte en avant, la critique peut se contenter d'être spéculative, et par conséquent facile et conciliante. Permis à elle d'agrandir à l'infini le champ des récréations littéraires et de se plaire même aux

1. Désiré NISARD, *Études de mœurs et de critique sur les poètes latins de la décadence*, cité par Roger FAYOLLE, *La critique...*, p. 267-268.

> plus choquantes bizarreries, comme à des variétés de l'esprit humain. Mais dans un pays où la littérature gouverne les esprits, mène la politique, domine les pouvoirs de l'État, donne un organe à tous les besoins, une voix à tous les progrès, un cri à toutes les plaintes ; où elle est la plus vitale liberté au lieu d'être le stérile dédommagement de toutes les libertés confisquées ; où elle a action, non seulement sur le pays, mais sur le monde, la critique n'est plus une spéculation oiseuse, mais un devoir à la fois littéraire et moral. Elle doit être intelligente, mais point complaisante ; elle doit tout connaître, mais non pas tout approuver ; elle doit surtout ne pas mettre en danger l'unité d'une belle langue pour y donner droit de cité à quelques beautés suspectes [1].

Voilà, par la voix d'un censeur, la littérature confirmée dans sa légendaire importance – levier des consciences et des révolutions, littérature française gouvernant le monde… Certes, toute cette emphase sonne faux aujourd'hui ; mais cette critique participe, dans une mesure qu'il ne faudrait toutefois pas exagérer, à la création d'un climat littéraire. Il n'est pas inutile d'en prendre connaissance pour établir les critères qui, à une époque déterminée, ont conditionné la création littéraire, d'une manière positive ou négative. Il ne faut donc plus, pour nous qui chercherions à mieux comprendre l'émergence et le développement du romantisme, prendre cette critique au pied de la lettre, mais plutôt comme une *lettre* parmi d'autres permettant de décrypter une situation complexe.

Ceci nous indique également qu'une certaine critique, institutionnalisée et donc souvent représentée par l'université, entend jouer un rôle « contre » une « certaine » littérature – ou, de nos jours, contre un certain type d'émissions de télévision, par exemple. Suivant les périodes, cette fonction sera plus ou moins clairement affirmée et revendiquée – sans que, pour autant, la distinction entre les époques « calmes » et « mouvementées » à laquelle procède Nisard soit pertinente. Le ton d'une critique dominante à une époque est dès lors susceptible de nous apporter des éléments non négligeables sur le climat intellectuel de cette période.

1. Désiré NISARD, *Études de mœurs…*, p. 268.

▲ Louis Jean Népomucène Lemercier (1771-1840)

Le cas de Lemercier est différent, en ceci surtout que, contrairement à Nisard ou Saint-Marc Girardin, il était également écrivain. Son cas est tragiquement ambigu : toute sa vie, il s'est opposé aux romantiques – principalement Chateaubriand et Hugo –, avec violence. Il prône le respect des principes d'Aristote et proclame, dans son *Cours analytique de littérature générale* (1820) que « [l]a comédie a vingt-deux conditions à remplir, le poème épique vingt-trois, et la tragédie vingt-six ». Pourtant, sa pratique littéraire contredit ses attaques à l'encontre des romantiques : ses pièces se rapprochent plus de l'esthétique nouvelle que classique ; la célèbre bataille d'*Hernani* semble peu de choses à côté de la furie qui marque la création, en 1809, de sa pièce *Christophe Colomb* : un mort à la deuxième représentation, la troupe dans la salle jusqu'à ce que les représentations soient suspendues… Il touche au drame historique sans l'avouer, et *Le Conservateur littéraire*, journal créé par Victor Hugo et son frère, qui défendra les positions (surtout politiques) des romantiques, saluera ses œuvres.

Le cas des Absolutistes permet déjà de réfléchir sur une des caractéristiques de la critique littéraire : doit-elle juger ou comprendre ? Doit-elle, par ailleurs, émettre un discours normatif ou doit-elle se cantonner dans le descriptif ? Le lien qu'elle entretient avec l'enseignement, à partir du XIXe siècle, doit-il influencer sa méthode et ses critères ? Sous prétexte de veiller à l'éducation des jeunes gens, doit-elle limiter le corpus – en aval, par le rejet des œuvres qui ne correspondent pas aux critères établis, et en amont, par la volonté d'imposer aux écrivains présents et futurs un certain type de production –, ou doit-elle développer chez ces étudiants un esprit analytique et critique qui leur permettra de se faire une opinion personnelle ? Notre époque trouvera ces questions naïves et choisira, du moins dans le discours, les options de liberté et d'ouverture ; mais on peut penser, toutefois, que ces questions qui étaient d'actualité au début du siècle passé au point de susciter des empoignades et des luttes acharnées, ne sont pas aussi désuètes qu'il semble. Sans trancher – encore – sur cette épineuse question, on peut déjà mettre en exergue un point notable : il est toujours périlleux, voire ridicule, pour un critique, de rejeter une œuvre nouvelle en regard des canons établis par le temps ; ce même temps finit bien souvent par lui donner tort. Comment juger aujourd'hui un critique qui, en son temps, vitupérait contre Victor Hugo, Balzac, Baudelaire, Rimbaud, etc. ? Mais est-il plus « ridicule » qu'un autre, critique ou « grand » écrivain, qui loue de manière dithyrambique des écrivains aujourd'hui tombés dans l'oubli le plus complet ? « Nous sommes très longs à reconnaître dans la physionomie particulière d'un nouvel écrivain le modèle qui porte le nom de « grand talent » dans notre musée des idées générales. Justement parce que cette physionomie est nouvelle, nous ne la trouvons pas tout à fait ressemblante à ce que nous appelons talent[1] », écrira Marcel Proust, près d'un siècle après Nisard. Cependant, il faut se garder de rejeter en bloc toute une œuvre critique sous prétexte qu'elle n'a pas applaudi à ce que notre époque a choisi d'élire comme chefs-d'œuvre. Certes, comme le note Proust, la proximité temporelle ne permet pas d'avoir la meilleure vision ; mais, toutefois, ces prises de position, si erronées semblent-elles à nos yeux, demeurent un témoignage précieux pour qui veut faire l'histoire littéraire ou, tout simplement, comprendre ce que nous appelons les « grandes œuvres » du passé, en stigmatisant les points d'opposition et de résistance sur lesquels un talent nouveau a construit son édifice. Nisard se trompait en jetant l'anathème sur Hugo ; mais est-on sûr qu'il avait tort lorsqu'il louait des auteurs aujourd'hui disparus ? La question n'est définitivement pas de trouver tel ou tel critique ridicule *a posteriori*, mais seulement de constater et de chercher à comprendre quels sont les critères qui, à une époque, définissent « l'œuvre » littéraire. Comprendre Nisard et ses compagnons, c'est donner raison à Mme de Staël, qui avait compris combien la littérature dépendait du contexte social et politique ; la critique aussi, malgré toutes ses prétentions à l'objectivité, est un discours déterminé, peut-être même plus encore que la création, par ce contexte. De ce point de vue, il reste intéressant de se pencher sur les travaux des Absolutistes, non pour ce qu'ils valent en tant que critiques littéraires, mais pour ce qu'ils témoignent de cet Ordre bourgeois qui allait dominer le siècle, contre lequel ce que

1. Marcel PROUST, *À la recherche du temps perdu, I*, p. 98.

nous jugeons aujourd'hui comme le meilleur de la littérature de ce siècle allait lutter, plus ou moins ouvertement.

Il faut insister sur ce point pour une autre raison : une partie de la critique universitaire du XXe siècle, en rejetant Nisard et tant d'autres, a voulu se prémunir du même risque. C'est ainsi que, petit à petit, et de manière plus ou moins sensible suivant les cas, on a conservé les préjugés des Absolutistes ou des Anciens – seule la littérature du passé peut être jugée digne d'attention – sans pour autant avoir le courage qu'ont eu ces lointains précurseurs d'assumer leurs opinions en jugeant la production qui leur était contemporaine. Une certaine frilosité s'est emparée d'une certaine université, qui consista longtemps à ne porter l'attention que sur une littérature qui, dans le meilleur des cas, s'arrêtait à Proust. Et l'on rechigne toujours, en de nombreuses facultés, à travailler les œuvres strictement contemporaines, sous le prétexte – partiellement fondé au demeurant – qu'on ne dispose pas du recul nécessaire. C'est aussi la marque que le discours critique s'est spécialisé au cours des XIXe et XXe siècles, et que cet aspect de défrichement – avec la part d'erreur qui lui est inhérente – est devenu le champ gardé du journalisme, la critique universitaire ne voulant plus prendre le risque de se « tromper » aussi grossièrement. On peut se demander si cette répartition des rôles doit demeurer, à l'heure où la critique journalistique, particulièrement en France et en Belgique, connaît une crise qualitative majeure et semble de plus en plus dominée par des impératifs commerciaux ou « amicaux ».

Sainte-Beuve (1804-1869)

Les différents points et questions que l'on vient de soulever à propos des Absolutistes sont plus d'actualité encore lorsqu'il s'agit d'aborder cette figure majeure de la critique du XIXe que fut Charles Augustin Sainte-Beuve. Jamais critique n'a été autant adulé puis critiqué, victime des pamphlets les plus divers, et tout particulièrement du célèbre *Contre Sainte-Beuve* de Proust.

Avec ses adhésions et ses reniements, ses engagements ambigus et ses désengagements subits, Sainte-Beuve est sans doute une des figures les plus riches et les plus complexes de la littérature française du XIXe siècle. Écrivain, critique littéraire d'abord comme journaliste puis comme professeur à Liège et au Collège de France, académicien, il a touché à tous les genres et à tous les courants du siècle, les confondant parfois de manière maladroite, comme dans *Volupté*, roman où les discours critique et philosophique viennent rompre l'élan de la fiction et empêchent l'adhésion du lecteur.

Son activité de critique connaît plusieurs phases. Il débute par des comptes rendus journalistiques, inspirés de Mme de Staël, qui privilégient l'historique. En 1828, il publie une importante étude, *Tableau historique et critique de la poésie française et du théâtre français au XVIe siècle*, par laquelle il fait redécouvrir la Pléiade, dont il apprécie le renouvellement des formes expressives, mais à laquelle il reproche d'avoir rompu avec une tradition gauloise présente dans la littérature médiévale. Il initie également un aspect de la critique qui fera recette après lui : l'analogie constante et suggérée entre le passé et le présent. Sa critique de la littérature du XVIe siècle lui permet de faire la propagande du romantisme, dont les représentants sont appelés à réussir complètement le pari à moitié raté – selon Sainte-Beuve – de la Pléiade : renouveler sans perdre la spécificité nationale. On peut voir cette approche comme une récupération des auteurs du passé dans le but de servir ceux du présent, et sans doute est-ce le cas ; mais ne peut-on y voir également cette intelligence qui comprend que la nouveauté, dans l'absolu, ne peut réellement exister et que le « progrès » n'est qu'une succession de façons nouvelles d'aborder des problèmes anciens ?

À partir de 1829, Sainte-Beuve va développer le « portrait », qui lui permet de mettre en valeur Victor Hugo et d'autres de ses amis romantiques. Le portrait tient à la fois de la biographie et de la critique d'œuvre. Sainte-Beuve y situe l'écrivain dans son contexte historique, social et familial, et y mélange une sympathie pour celui qu'il dépeint avec un certain regard critique. L'aboutissement de cette critique de sympathie, de communion, sera son *Port-Royal*, achevé en 1859, au terme de près de vingt ans d'un labeur intense qui a transformé sa piété initiale en un scepticisme profond, ce qui appuie l'hypothèse que la critique agit sur le critique.

Les années soixante vont marquer son éloignement des romantiques. Il entreprend des « causeries » où le jugement péremptoire, jusqu'ici évité, deviendra dominant. Ses successeurs en retiendront surtout qu'il méconnaît le talent de Flaubert ou de Baudelaire et surestime celui d'auteurs aujourd'hui oubliés et souligneront son manque apparent de cohérence dans ses choix et ses préférences. Pourtant, c'est ne pas tenir compte de la nature profondément complexe d'un homme partagé entre des tensions contradictoires, une sensibilité trop vive et un besoin d'affirmation de soi. Critique qui souffrit de n'être pas reconnu comme le grand écrivain qu'il voulait et croyait être, sa sympathie des débuts, où il louait le talent de ceux dont il estimait pouvoir être ou devenir l'égal, a fait place à la rancœur de l'homme âgé qui observe les gloires nouvelles et futures et sait qu'il a manqué le train.

Cependant, il faut se garder de rejeter en bloc tout ce qu'a produit Sainte-Beuve, comme critique ou comme écrivain – nous ne considérerons ici que le premier aspect. Certes, il développe une critique éminemment subjective, mais il n'omet pas de souligner l'importance de la recherche érudite et de la documentation sur les auteurs dont on veut parler. Documentation bien large au demeurant, puisqu'elle inclut des éléments biographiques et contextuels. À partir des éléments qu'il a glanés dans ses lectures ou dans sa fréquentation des écrivains, il propose de refaire le « portrait » de l'auteur et de dégager de son œuvre son « message », sa signification, ou celle de l'époque dans laquelle elle s'inscrit. Ce que lui reprochera Proust est fondé : il critique sévèrement certains de ses contemporains parce qu'il les juge sur leur personne « sociale», celle qu'il croise dans les salons littéraires. En revanche, si, par exemple, il n'aime pas Flaubert, il est suffisamment lucide pour dégager avec intelligence les caractéristiques fondamentales de son œuvre.

À l'opposé des Absolutistes, il rejette tout dogmatisme et confesse que la critique parle aussi du critique, et pas seulement de l'œuvre ou de l'auteur. Il est le premier à pressentir combien complexe est cet objet polymorphe que l'on nomme littérature. Il faut, pour la comprendre, s'y plonger tout en conservant une distance critique ; elle révèle son auteur et son époque, mais aussi son lecteur. Sainte-Beuve annonce les impressionnistes qui feront cet aveu que, parlant d'autrui, on ne parle jamais que de soi ; mais, par son souci d'érudition – tempérée, il est vrai, par le goût et le jugement –, il ouvre aussi la voie à la critique scientifique et positiviste.

Proust lui reprochera donc de confondre le moi social de l'auteur avec son moi profond. Depuis, la critique a épousé les vues de Proust et se garde soigneusement de commettre une telle confusion; mais ne serait-il pas vrai, dans une certaine mesure, que Proust a réussi là un beau coup de bluff d'écrivain, en dissociant deux instances de l'individu qui, dans la réalité, ne sont peut-être pas aussi étrangères l'une à l'autre ? La vie et l'œuvre de Sainte-Beuve en seraient au demeurant une juste illustration : jeune homme, écrivain ambitieux, ami puis rival de Hugo jusque dans le cœur d'Adèle ; homme mûr, ayant perdu une part essentielle de ses illusions, mais ayant acquis un pouvoir certain, devenu misanthrope, mais plus que jamais amoureux des livres... Comment ne pas voir combien toute production, tout acte humain est déterminé par une complexité d'éléments intimes et sociaux, culturels et instinctifs ?

Pourtant, comme souvent, la critique réduit les choses : de cette complexité, on a surtout retenu *le* complexe, celui supposé du critique qui ne se remet pas de n'être pas écrivain ; « Ces grands artistes », écrit Proust en ne parlant pas de Sainte-Beuve, « s'ils se mettent [...] à se mêler de cuisine ou de jardinage, étalent une satisfaction naïve des louanges qu'on donne à leurs plats ou à leurs plates-bandes pour lesquels ils n'admettent pas la critique qu'ils acceptent aisément s'il s'agit de leurs chefs-d'œuvre [1] » ; la question, pour Sainte-Beuve serait de savoir ce qui était le plus important à ses yeux et à son cœur, des chefs-d'œuvre, de la cuisine ou du jardinage.

La critique positiviste et scientifique

La fin du siècle allait connaître les bouleversements que l'on sait, et notamment le recul du sentiment religieux au profit d'une croyance inébranlable dans la puissance de la science, supposée capable de tout expliquer et de tout résoudre. Les sciences exactes

1. Marcel Proust, *À la recherche du temps perdu, I*, p. 424.

connaissent des avancées déterminantes, et « contaminent » tous les champs de la pensée, y compris celui des sciences humaines. Si les Absolutistes voulaient juger et si Sainte-Beuve dressait des portraits, les tenants de la critique scientifique, à la tête desquels on trouvera Hippolyte Taine, entendent « expliquer ». Expliquer comment naît une œuvre, en fonction de quels critères, de quelles déterminations externes, et démontrer, du coup, sa relativité. Influencée par les théories de Darwin sur l'évolution et le déterminisme ou, plus encore, par celles d'Hegel sur le développement de l'Histoire, cette critique prétend d'emblée être rigoureuse et parfaitement objective ; l'œuvre est un produit contingent que déterminent trois facteurs – historique, psychologique, social – et qui est susceptible de recevoir une interprétation critique, une fois établie cette contingence.

▲ FERDINAND BRUNETIÈRE (1849-1906)

Ce n'est qu'à ses prétentions positivistes que l'on doit de faire cohabiter Brunetière avec Taine dans ce chapitre. Tout, en effet, le rattache davantage aux Absolutistes : la littérature la plus aboutie, idéale, est celle du XVIIe siècle français ; existence d'un Beau et d'un Bien qui permettent de juger les œuvres ; mépris des écrivains qui traitent de « l'individualité » ; rejet de « l'Art pour l'Art » au nom d'une morale dont les professeurs seraient gardiens.

Professeur à l'École normale supérieure, directeur de la *Revue des deux mondes*, il fondera son système critique sur une notion reprise au darwinisme : celle des genres. Cette notion repose sur l'idée qu'une critique objective est non seulement possible, mais indispensable, à l'heure où toutes les autres sciences, exactes et humaines, se sont mises aux méthodes scientifiques et plus particulièrement à celles des « comparaisons », lesquelles fondent tout jugement ; une œuvre, une espèce, un être n'existe pas en lui-même, mais seulement « par rapport » à d'autres œuvres, d'autres espèces, d'autres êtres. Les genres littéraires évoluent suivant des lois aussi précises que les espèces animales ; il est donc évident et nécessaire de les classer en « inférieurs » et « supérieurs », en bons et mauvais et, au sein de chaque genre littéraire, de déterminer une forme aboutie par rapport à laquelle on pourra évaluer chaque œuvre :

> [...] quiconque dira qu'on peut, si l'on le veut, préférer la comédie de Regnard [1] à celle de Molière, *Le Distrait*, *L'École des Femmes* et *Les Folies amoureuses* à *Tartufe*, ce sera bien pis encore, car ce sera comme s'il disait qu'il n'y a pas de raison de placer un être vivant au-dessous ou au-dessus d'un autre dans l'échelle animale ; et avec le fondement de la critique objective, il renversera du même coup celui de l'histoire naturelle. Un genre littéraire, n'est en effet, supérieur à un autre, et, dans un même genre, drame, ode ou roman, une œuvre n'est plus voisine ou plus éloignée de la perfection de son genre que pour des raisons analogues à celles qui élèvent, dans la hiérarchie des organismes, les vertébrés au-dessus des mollusques, par exemple, et parmi les vertébrés, le chat ou le chien au-dessus de l'ornithorynque. Telle est la vraie manière d'entendre « la relativité de la connaissance » ; telle est la bonne ; telle est la seule qui ne soit pas sophisme et logomachie pure. Eussions-nous « l'œil à facettes d'une mouche » ou « le cerveau rude et simple de l'orang-outang », les choses pourraient changer pour nous d'aspect ou de signification, mais non pas les rapports qui continueraient pour nous de les unir entre elles, ni le système quelconque, mais toujours lié, que ces rapports formeraient ensemble [2].

Pour Brunetière, la relativité ne s'entend que dans ce sens des relations, des comparaisons à établir dans les genres. Il ne peut envisager qu'il existe une « relativité » autre, que ces échelles sont « relatives » et dépendent des significations qu'une époque – un milieu et un moment, pour reprendre la terminologie de son contemporain Taine – privilégie. Il ne considère pas le fait qu'à certaines époques, tel genre a connu son apogée ou une éclipse, voire a disparu. Il n'entrevoit pas que, si l'idéal canonique d'un genre est trop explicitement et rigidement établi, celui-ci ne peut que mourir, toute œuvre l'illustrant devenant une application de moins en moins originale de stéréotypes et de conventions. Pour quelqu'un

---

1. Poète comique français, (1655-1709) particulièrement gai et bon vivant, très influencé par Molière. Je n'ai pu établir d'où provient l'erreur de Brunetière, citant entre deux pièces de Regnard – *Le distrait* et *Les folies amoureuses* – une pièce de Molière – *L'école des femmes*.

2. Ferdinand BRUNETIÈRE, *Essais sur la littérature contemporaine*, cité par Roger FAYOLLE, *La critique...*, p. 309.

de si imprégné de darwinisme, il ne conçoit pas qu'un genre évolue ; les critères sont établis objectivement par l'étude de l'histoire, et tout « créateur » ne fait que reprendre, de manière plus ou moins « originale », ce qui l'a précédé :

> L'originalité d'un écrivain [...] ne se définit pas par rapport à lui-même, ce qui impliquerait contradiction ; elle ne se définit point par rapport à moi, qui ne suis pas sans doute plus original qu'eux ; elle se définit par rapport aux auteurs dramatiques et aux romanciers qui les ont eux-mêmes précédés, lesquels sont dans l'histoire, et elle se définit par rapport à ce qu'ils ont eux-mêmes fait des lois de leur genre, ce qui est également dans l'histoire [1].

Mais qui fonde ces « lois du genre » qui en garantissent la perfection ? On constate que l'on peut formuler les mêmes réserves à cette théorie qu'à celle de Darwin, de manière plus sévère et plus radicale encore, car l'apport de Darwin est essentiel dans son domaine, alors que celui de Brunetière ne constitue pas une avancée déterminante dans le domaine de la critique, sinon – mais à quel prix, sinon celui du discrédit – par cette revendication à la scientificité de la méthode. Il manque plus ici qu'un chaînon. Brunetière fait sans cesse le rapport entre la critique et les sciences ; refuser l'objectivité de la première reviendrait, selon lui, à remettre en cause les fondements des autres. Pourtant, il reconnaît ailleurs que la critique n'est pas une science ; tout au plus lui emprunte-t-elle des méthodes. Dans le « genre » des sciences, la critique se placerait dès lors bien en-dessous...

▲ Hippolyte Taine (1828-1893)

Taine définit sa démarche par rapport à celle de Sainte-Beuve, à laquelle il ne refuse pas d'accorder des éloges, tout en pressentant très justement qu'elle est par trop liée à un homme et qu'elle ne peut être appliquée par d'autres. À l'imagination dont faisait preuve Saint-Beuve, il entend substituer l'intelligence, cette intelligence qui est seule capable de remonter des phénomènes aux causes, comme il l'explique dans sa préface aux *Essais de critique et d'histoire* :

---

1. *Ibid.*

> [...] le raisonnement a le droit de décomposer ce que les yeux ont contemplé et ce que le cœur a senti. Je puis me demander d'où viennent ces qualités, ces défauts, ces passions, ces idées ; lesquels sont effets, lesquels sont causes ; de quelles facultés primitives ils découlent ; si, en suivant ces facultés plus loin, on ne remonte pas à une source commune [...] elle [la critique scientifique] s'attache à ces forces génératrices qui produisent dans la vie toute une série d'événements [1].

Taine est, comme tout critique et tout écrivain, le produit de sa personnalité et de son temps – idée parfaitement conforme avec son point de vue, mais qu'il récuserait cependant, et paradoxalement, puisque, comme le note Jean-Thomas Nordmann, « [...] Taine lui-même a souhaité dissocier, autant que faire se peut, l'intelligence de son œuvre de la connaissance de sa vie, même si cette œuvre porte la marque de sa sensibilité individuelle [2]. » Il est, comme Sainte-Beuve, doté d'une grande richesse intellectuelle. S'il ne fera qu'une brève tentative dans le domaine de la création littéraire, il aurait, lui aussi, voulu, au départ, faire « autre chose » que de la critique littéraire. C'est en effet la philosophie qui l'intéresse, surtout celles de Spinoza et d'Hegel, mais les bouleversements historiques de l'époque lui ferment les portes du doctorat de philosophie et il se lance alors dans une recherche sur les fables de La Fontaine. Après quoi, au travers de multiples avatars, de déboires et de succès, il n'enseignera jamais à l'université, mais sera examinateur à Saint-Cyr, familier des Goncourt et, en 1878, membre de l'Académie, après une première tentative infructueuse quatre années plus tôt.

Taine est, comme les plus intéressants de ses prédécesseurs et de ses successeurs, une personnalité complexe et paradoxale. Il entend rationaliser l'analyse, en déterminant les conditions d'émergence des textes. De la sorte, il fonde certains des éléments fondamentaux de la critique moderne, et tout particulièrement de l'histoire et de la sociologie littéraires. Il exercera une grande influence dans les trois domaines auxquels il touchera : la philosophie, avec ses essais sur *La philosophie de l'Art* ; l'histoire, puisqu'il consacrera d'importants volumes d'étude à l'histoire des *Origines de*

---

1. Hippolyte TAINE, *Essais de critique et d'histoire*, p. XX.
2. Jean-Thomas NORDMANN, *Taine et la critique scientifique*, p. 13-14.

la France contemporaine ; la littérature enfin, puisque non seulement une part importante de la critique du XXe siècle s'inspirera en partie de ses travaux (Gustave Lanson, principalement), mais aussi parce que Zola épousera avec enthousiasme ses théories sur la détermination. Cependant, toute l'œuvre de cet homme, qui se voulait rationnel, est sous-tendue par une vision spiritualiste où s'exerce l'influence du sensualisme anglais – Taine a d'ailleurs consacré un essai à l'*Histoire de la littérature anglaise*. Les concepts psychologiques, historiques ou sociologiques qu'il met en place pour construire son système sont fragiles et reposent exclusivement sur les théories associationnistes selon lesquelles, par associations d'images ou d'idées, on pourrait remonter vers une cause originelle ou, pour utiliser les termes de Taine, vers cette « Faculté maîtresse» qui, en combinant les données de la race, du milieu et du moment, permettrait « d'expliquer » un auteur.

La race est cet ensemble d'éléments constitutifs – psychiques et physiques – partagés par un groupe humain et acquis génétiquement.

Le milieu détermine le contexte social et culturel de ce groupe humain.

Le moment, enfin, est indispensable pour saisir le milieu ; dans une perspective hégélienne, c'est le point d'actualisation dans un milieu des potentialités de la race.

Illustrons cela par l'application que Taine en fait pour analyser La Fontaine. La race est cet esprit gaulois que La Fontaine incarne si bien ; le milieu, c'est d'une part la Champagne dont il est originaire, et d'autre part, la Cour; le moment, c'est la seconde moitié du XVIIe siècle, le règne de Louis XIV. On ne peut, selon Taine, comprendre La Fontaine sans tenir compte de ces trois composantes. Une même race et un même moment n'auraient pas produit le même résultat chez un écrivain dont le milieu aurait été provençal. En revanche, il faut encore que la « faculté maîtresse » intervienne pour que surgisse l'œuvre d'art, car il est évident, surtout si l'on entend fonder un système donnant une part si importante au déterminisme mécanique, qu'il ne suffit pas d'être l'héritier de l'esprit gaulois, champenois courtisan de Louis XIV pour être La Fontaine. Par sa faculté maîtresse, concept que Taine ne pourra jamais clairement expliciter, le poète se dégage de cette contingence et pénètre dans le monde idéal, celui où règne en maître l'imagination poétique.

Zola accueillit avec enthousiasme ce déterminisme par la race, le milieu et le moment. Dès *Thérèse Raquin*, il en fera le fondement de son œuvre romanesque. Et tant la sociologie, la psychanalyse que l'histoire littéraire ont fait leur cette idée qu'une œuvre ne surgit pas du néant et qu'elle subit une part non négligeable de détermination extérieure.

Nordmann analyse avec justesse les difficultés rencontrées par la pensée de Taine à notre siècle :

> [...] l'apparente clarté des textes de Taine donne parfois l'impression du simplisme. Le lecteur passe à la discussion, sans s'attarder à l'exégèse. Taine est alors jugé à l'étalon des progrès des recherches qu'il a eu le mérite d'amorcer et rapidement rejeté au nom même de ces progrès. Son intérêt pour les phénomènes mentaux propres à des groupes humains en fait un des pionniers de la sociologie et de l'anthropologie culturelles, mais, parce qu'il attribue à la psychologie un rôle central, il sera rejeté dans l'oubli par la condamnation que Durkheim et son école porteront sur toute forme de psychologisme. Son attention à déceler des liens entre créations individuelles et sociétés a parfois suscité des rapprochements avec l'esthétique marxiste, mais Taine récuse tout matérialisme, et son recours privilégié à la psychologie en fait aux yeux des marxistes un « idéaliste » impénitent. Sa psychologie de la faculté maîtresse peut, elle, paraître sommaire au regard des médiations multiples que les psychologies ultérieures, psychanalytique et autres, s'efforceront d'établir entre la structure de la personnalité créatrice et les résultats de son activité. En tous ces domaines, Taine apparaît trop désespérément « littéraire » aux yeux des spécialistes qui, de nos jours, cultivent le champ à l'infini morcelé des « sciences humaines [1] ».

On peut dire que tous les mouvements de la critique littéraire au siècle suivant vont s'organiser autour des principes que défend, avec plus ou moins de bonheur, Hippolyte Taine. Il y aura ceux qui, en partie du moins, s'inspireront de ces principes ou les redévelopperont à la lumière des avancées des sciences humaines : psychocritique, sociocritique, histoire littéraire et littérature comparée ; et

1. *Ibid.*, p. 15-16.

ceux qui les rejetteront plus ou moins catégoriquement : le formalisme, la critique thématique et le structuralisme. Cet élément seul devrait suffire à justifier que l'on s'intéresse encore à Taine, qui subit pourtant un rejet plus net encore que Sainte-Beuve.

▲ PAUL BOURGET (1852-1935)

Ami de Brunetière, qui fut le défenseur de son roman le plus connu, *Le disciple*, Bourget fut, comme d'autres avant lui – et après –, critique et auteur. En tant qu'auteur, on lui doit l'émergence et l'illustration du « roman psychologique », qui se voulait en opposition au naturalisme, où il mêle l'analyse des crises et des états d'âme de ses personnages à des considérations sur la religion et la société de l'époque.

Il utilise la littérature pour dresser un portrait d'une société et d'une époque. Ainsi, se penchant sur les productions de ses contemporains, il note un profond pessimisme qui serait dû, selon lui, soit au dilettantisme, soit au cosmopolitisme, voire aux déviances de l'amour « moderne ». Par cette dénonciation morale, Bourget s'éloigne du positivisme critique auquel il prétend par ailleurs adhérer, et ne parvient pas à réaliser réellement son objectif initial : être psychologue.

Pourtant, Bourget se démarque de Brunetière dans sa conception de la critique et de la littérature. Il ne croit plus, pour sa part, en l'existence de canons absolus en esthétique ; aucun genre n'est supérieur à un autre, pas plus que ne l'est l'esprit d'un peuple. Il prétend chercher davantage à comprendre qu'à juger ou à hiérarchiser. Écrivain lui-même, il sait que rien n'explique le « génie ».

On croirait avoir trouvé là, grâce à cette prédilection pour la « psychologie », une lecture critique qui se dégage enfin des dogmes et des canons, comme Bourget le prétend d'ailleurs : « La psychologie est à l'éthique ce que l'anatomie est à la thérapeutique. Elle la précède et s'en distingue par ce caractère de constatation inefficace, ou, si l'on veut, de diagnostic sans prescription [1]. » Hélas, le critique, comme l'écrivain, ne pourra s'en tenir à cette position

---

1. Paul BOURGET, *Essais de psychologie contemporaine*, p. XII.

descriptive et, quoi qu'il en dise, il débordera de son champ d'action pour prescrire : les constatations auxquelles il s'est livré sur la littérature de son temps l'amènent à conclure que « pour les individus comme pour la société, le christianisme est à l'heure présente la condition unique et nécessaire de santé ou de guérison [1]. »

On ne peut reprocher à Bourget d'avoir cet avis, mais, sur le plan de la critique, on regrettera qu'une telle ouverture se solde par un tel repli dogmatique. Cela dit, n'est-ce pas aussi le courage du critique, de s'engager ? Cependant, fallait-il qu'il s'engage à ce point pour en appeler, dès 1902, aux écrivains et leur demander de faire œuvre d'éducateurs en moralisant la jeunesse ?

Une fois encore, on constate que la critique s'inscrit, avec la littérature, dans le corpus qui nous permet de mieux comprendre une période. Les principaux tenants de la critique « universitaire », de cette critique « des professeurs », de Nisard à Bourget, ont, au XIXe siècle, usé le meilleur de leur force à combattre les mouvements littéraires qui représentaient l'élément le plus novateur de la littérature : le romantisme, puis le réalisme et le naturalisme. Aux yeux de l'histoire, si courte soit-elle, ils ont eu tort. Quand ils furent écrivains, leurs œuvres ne résistent plus à la comparaison – pour reprendre le procédé cher à Brunetière – avec leurs contemporains, peut-être justement parce que ces critiques voulurent illustrer leurs thèses par leur prose. Prenons garde : tout ceci est vrai en grande partie parce que notre époque sait que le christianisme n'est pas venu sauver les valeurs auxquelles tenaient Bourget et ses amis, et qu'au contraire, on a assisté à une laïcisation toujours plus grande de la société, développement dont les excès furent certes les régimes totalitaires du XXe siècle mais qui ne peut en aucun cas se réduire à ces excès. Si les choses avaient été différentes ou si, puisqu'on ne refait pas l'histoire, on assistait à l'évolution que certains prédisent avec force, voulant que le siècle prochain sera spiritualiste ou ne sera pas, on peut envisager un renversement de tendance et de perspective plus ou moins radical. Notre époque, du haut de laquelle nous jugeons ou cherchons à comprendre celles qui l'ont précédée, n'est ni plus ni moins objective que celles-là…

1. *Ibid.*

La critique impressionniste

On peut imaginer qu'un tel développement de la critique scientifique et universitaire allait susciter des réactions diverses, et particulièrement de la part d'écrivains.

L'impressionnisme est un courant clé dans la France de la fin du siècle ; il imprègne tous les domaines, de la musique à la peinture, en passant, évidemment, par la littérature… et la critique. D'emblée, Anatole France proclame que la critique objective n'existe pas et qu'elle n'est qu'un genre littéraire parmi d'autres.

Gide, France, Lemaître ou de Gourmont rappellent, chacun à leur manière, que toute critique repose d'abord, et avant tout selon eux, sur des impressions de lecture. Plutôt que de monter des systèmes ou opérer des hiérarchisations, le critique doit se contenter de noter ces impressions et les modifications qu'elles ont produites en lui ; il n'y a rien à juger, rien à expliquer, mais seulement à noter le plaisir que l'on a ressenti à la lecture et les conséquences que cette lecture a eues sur l'existence du lecteur.

On l'aperçoit, il sera difficile de constituer une « école » impressionniste, puisque l'aspect individuel, pour ne pas dire égotique, est privilégié. Ici, la critique, ou plutôt le critique, reconnaît parler avant tout de lui-même, l'œuvre lue n'étant que le moyen d'approfondir cette connaissance de soi. Il n'y a plus aucune objectivité possible, puisque la subjectivité est le moteur autant que la finalité de cette approche que l'on a pu qualifier d'épicurienne ou de voluptueuse. Non seulement il y aura autant de « méthodes » critiques que de lecteurs « critiques », mais encore, comme le défend Jules Lemaître, un même critique changera d'avis sur une même œuvre, celle-ci ne pouvant produire sur lui les mêmes impressions à quinze ou à soixante ans. D'une certaine manière, on peut même dire qu'ils poussent à l'extrême les catégories que Taine a établies, disant que la lecture d'une œuvre est elle aussi déterminée par le milieu et le moment – et à cette différence près, mais elle est de taille, qu'ils remplacent la race par l'individualité, concept abhorré par les critiques absolutistes.

Toutefois, Anatole France s'écartera quelque peu de cet égotisme : la littérature est un moyen d'études, mais pas seulement de soi. La critique débouche sur une meilleure connaissance de l'homme en général, donc sur un humanisme.

▲ Rémy de Gourmont (1858-1915)

Rémy de Gourmont va, quant à lui, pousser le relativisme plus loin tout en essayant d'offrir à la critique impressionniste une profondeur plus grande que celle que lui attribuent ses compagnons. Défenseur exemplaire du symbolisme, il s'intéresse néanmoins aussi au naturalisme – et à beaucoup d'autres domaines littéraires ou philosophiques. Il écrit des romans, des essais sur les idées, des critiques...

Pour lui, la richesse d'un écrivain tient à son non-conformisme, à son rejet des règles établies. On écrit pour se connaître soi et se faire connaître ; de la sorte, chaque individualité étant unique, l'originalité est acquise sitôt que l'écrivain s'en tient à ce projet et s'écarte de toute imitation. Chaque auteur définit et illustre une esthétique qui n'appartient qu'à lui. Bien entendu, des contemporains, comme les symbolistes auxquels Gourmont s'intéresse, ont des similitudes ; mais ce qui devrait intéresser avant tout le critique, ce sont les différences, autrement dit les marques de leur individualité et de leur originalité.

Gourmont, par l'accent qu'il met sur les facultés de dissociation de l'intelligence, va s'attacher à refuser et rejeter tous les stéréotypes, tous les clichés de lecture ou d'écriture ; l'originalité est à ce prix.

Il n'existe donc aucune règle ou esthétique canonique qui servirait d'étalon à la critique, comme le prétend à tort la critique dogmatique, mais plutôt un foisonnement d'univers individués que la critique doit chercher à comprendre et à expliquer. Le critique se doit d'être un lecteur particulièrement curieux, ouvert à tout, désireux de comprendre, refusant de juger. Il peut ne pas aimer, mais il ne peut rejeter. Par son travail, il doit combattre les certitudes, les habitudes ; c'est un semeur de doutes.

L'apport de ces critiques n'est pas négligeable, comme il semblerait trop hâtivement aux amoureux des systèmes ordonnés. Certes, ils ne fondent pas de « méthode », de « grille » opératoire pour toute œuvre ; mais ils annoncent d'une part la critique de compréhension qui se développera au siècle suivant, et d'autre part opposent au dogmatisme de la « relativité » des positivistes un relativisme qui écarte la critique de ses tendances absolutistes et dirigistes. Ils sont également les précurseurs des théories sur la lecture et la réception de l'œuvre. Enfin, il faut noter qu'ils participent à un courant de pensée capitale de cette fin de siècle, auquel Bergson va donner une forme particulière. Dans cette optique du monde et de la vie, tout est mouvement, tout peut – voire doit – changer. L'essence de l'existence réside dans ce mouvement ; toute fixation – et en critique, la fixation et l'immobilité sont les fondations des critiques doctrinaires – est le signe d'une mort.

Donc, contrairement à leurs contemporains, ces critiques illustrent non pas un passé plus ou moins lointain de la littérature, mais en annoncent certains des développements les plus novateurs, comme Marcel Proust.

LA CRITIQUE AU XXe SIÈCLE

Faire l'histoire de la critique à notre siècle est une tâche plus ardue que pour le XIXe siècle. Bien entendu, il y a l'éternel problème du manque de recul, qui empêche à la fois de déceler avec assurance les rapprochements entre tel et tel critique ; mais nous sommes à la fin du siècle, et pour la première moitié, sinon les trois premiers quarts, cela devrait être relativement aisé.

Pourtant, le problème principal réside ailleurs : la critique, au XIXe siècle, se met en place et se dote de méthodes scientifiques. La France – et d'autres États – connaît une situation politique qui, au moins jusqu'au dernier quart du siècle, est dominée par un ordre bourgeois conservateur. L'université joue son rôle, parfois jusqu'à la caricature, de gardien privilégié des valeurs et de la tradition.

Avec notre siècle, la culture autant que l'histoire vont connaître trois révolutions, grâce à Freud, Einstein et Marx. À trois, ils opèrent un bouleversement de la conscience humaine plus grand encore que celui suscité par la révolution copernicienne, qui affectera tous les champs de l'action et de la pensée occidentales. En outre, le XXe siècle connaîtra les ravages des régimes totalitaires et fascistes.

Ceci implique une dynamique, une instabilité que pressentaient peut-être les philosophes qui, comme Bergson, avaient attiré l'attention sur l'importance de la notion de mouvement. La tradition sera continuellement remise en cause, les valeurs subiront une érosion parfois dramatique, les écoles s'opposeront de plus en plus, dans un foisonnement qui ne simplifie pas la tâche de l'historien sensé mettre de l'ordre dans une matière plus fuyante que jamais.

L'après-guerre a aggravé ce constat. La tradition se trouve fondamentalement remise en cause, la morale est déstabilisée et discréditée de même que les autorités qui étaient supposées la représenter ; mais surtout, passées les années septante, on assiste à un rejet de toute idéologie, ce qui peut se comprendre d'un certain point de vue. Cela mène également à l'ère du politiquement correct – qui cache une idéologie particulièrement insidieuse –, où tous les avis sont supposés se valoir, où plus personne n'ose prendre position clairement et où le débat d'idées est refusé.

On peut néanmoins tenter quelques schématisations, qui ne vaudront que ce que valent les schématisations. On discernerait ainsi deux tendances qui, durant tout le siècle, vont s'opposer de manière plus ou moins ouverte et profonde : l'une, qui privilégiera la forme – formalisme, poétique, structuralisme, sémiotique… – ; l'autre, qui tentera de cerner les questions de sens – thématique, psychocritique, sociocritique.

Pour cerner ces approches diverses, nous nous servirons ici de la classification que Terry Eagleton propose dans son excellent ouvrage, *Critique et théorie littéraires, une introduction*, en y apportant parfois quelques modifications.

La critique érudite et créatrice

Avant que se produisent ces bouleversements, la critique française va poursuivre sur la lancée de la critique du siècle précédent. Au tournant du siècle, positivisme et impressionnisme vont être dépassés par différentes approches qui feront le bilan de l'héritage, et tenteront de tirer les leçons et les conséquences théoriques et pratiques qui en découlent.

La critique érudite

Alors qu'à l'autre bout de l'Europe, les Russes – bientôt soviétiques – mettent en place le formalisme, qui privilégiera l'étude du texte en tant que système de langage, les héritiers des positivistes français vont eux aussi opérer un retour au texte, en éliminant, si c'est possible, les données extérieures à ce dernier. Il ne s'agira donc plus de recourir à la psychologie ou aux données biographiques, voire sociologiques ; ils se fixeront pour mission l'étude approfondie des textes, en s'entourant de toutes les données et de tous les documents relatifs à l'œuvre envisagée ou à la question traitée. Ils s'efforceront d'avoir, vis-à-vis des textes, l'approche la plus neutre possible, sans *a priori*, qui ne soit pas guidée par un système ou une « grille de lecture » prédéterminée.

Taine a laissé le champ ouvert à un débat brûlant, qui ne sera pourtant pas réellement mené ; ses catégories sont plus ou moins rejetées, et surtout l'idée qu'elles pourraient apporter une explication au génie. Pour les érudits, le génie est quelque chose de totalement individuel et inexplicable, et leur démarche sera essentiellement esthétique.

L'apport des impressionnistes apparaît également, ne serait-ce que dans cette volonté de lire les œuvres sans idées préconçues. Émile Faguet (1847-1916) reconnaîtra avec eux qu'un critique parle avant tout de lui-même lorsqu'il traite d'un auteur. De son côté, Lacombe (1848-1921) se penchera sur les liens existant entre la vie affective d'un écrivain et son œuvre, influence qui lui semble déterminante pour comprendre l'œuvre et que le critique devra donc tâcher de mettre à jour.

Cela mènera la plupart des représentants de la critique érudite à afficher une modestie parfois excessive, qui empêchera sans doute cette approche de développer toutes ses potentialités réelles. Ils ne pourront en outre pas se dégager des concepts de Taine, bien que l'on reconnaisse ouvertement qu'ils ne sont pas fondés.

D'une certaine manière, l'attitude de ces érudits rappelle celle d'un juge d'instruction : il instruit un dossier à charge et à décharge, sans jamais prendre parti, soucieux de rassembler le plus grand nombre possible de pièces pour le dossier. Il instruit, dans le double sens du verbe : d'un point de vue réceptif, en collectant les informations de manière impartiale ; d'un point de vue productif, en « instruisant » son public, le plus souvent des étudiants universitaires, en leur communiquant les résultats de sa recherche. Si jugement il doit y avoir, il le laisse à d'autres.

L'apport essentiel de la critique érudite portera sur ce domaine particulier de la critique qu'est l'histoire littéraire. Pour ce faire, il faudra combiner à la fois l'érudition sur l'auteur, l'œuvre et l'époque, mais aussi cette faculté de comprendre le génie propre à chaque auteur traité, de la manière la plus objective possible.

● Gustave Lanson (1857-1934)

Gustave Lanson jouera un rôle tellement important dans le développement de la critique et de l'histoire littéraire que l'on a donné son nom à la critique qu'il est censé incarner : le lansonisme. Cet éminent professeur de la Sorbonne et de Normale supérieure, qui a donné cours de littérature au futur tsar Nicolas II, va mettre au point une méthode qui continue à diviser la critique de nos jours. Il la développera de surcroît dans un contexte difficile, où la France restructure fondamentalement son système éducatif.

Sa méthode repose sur deux fondements : ne considérer que l'aspect littéraire des auteurs envisagés, sans tenir compte des anecdotes de la biographie ; refuser tout système préalable qui imposerait de l'auteur une image plus conforme aux préjugés du critique qu'à la réalité de l'écrivain. Il va ainsi imposer sa marque à la plupart des histoires littéraires qui vont fleurir à sa suite.

La méthode de Lanson est extrêmement rigoureuse et logique : une fois le texte choisi et établi – cet aspect de l'établissement du texte et de sa compréhension est un des aspects fondamentaux de l'érudition critique –, Lanson procède en un mouvement qui va d'un comparatisme restreint, au sein d'un corpus limité – par exemple à un pays, visant à « distinguer l'individuel du collectif et l'original du traditionnel » – à un comparatisme élargi – d'un point de vue diachronique en considérant l'histoire de la littérature, et d'un point de vue synchronique en confrontant le corpus étudié au reste de la production européenne ou mondiale –, en passant par un regroupement en genres, écoles ou mouvements. Le mouvement mène toujours du particulier au général, d'un texte à l'ensemble de la littérature, mais aussi de la littérature à la société dans tous ses aspects. La dimension sociologique n'est donc pas éliminée de la démarche, mais l'étude du texte la précède (contrairement aux sociologues modernes comme par exemple Bourdieu).

On le voit, Lanson intègre de manière dynamique des concepts qui, jusqu'alors, divisaient les critiques : l'individuel trouve sa place à côté du collectif, de même que l'originalité par rapport à la tradition. Il met les choses en perspective, et dans une perspective polymorphe, qui tient compte à la fois de la littérature au sens strict, mais aussi de l'histoire politique, de l'histoire des idées et de la sociologie. Les individualités sont éclairées par leur environnement culturel, spatial et temporel, autant qu'on apprend à déceler leur influence sur cet environnement. Ce qui sous-tend la méthode, c'est donc tout à la fois un formidable esprit d'analyse et un imposant travail de synthèse, ce qui définit parfaitement l'érudition au sens où nous l'entendons encore.

Les visées de Lanson sont également pédagogiques : l'enseignement de l'histoire littéraire doit donner aux élèves et étudiants les bases nécessaires non seulement pour comprendre et connaître leur littérature, mais aussi pour les rendre sensibles à l'évolution des idées et des mentalités, et encore pour les amener à dépasser ce stade de la recherche et, grâce à ces bases fondamentales, se lancer dans la découverte d'autres littératures ou dans l'approfondissement de questions plus pointues sur tel ou tel aspect d'un écrivain, d'une période ou d'une œuvre.

La recherche érudite et l'histoire littéraire sont en effet conçues comme un point de départ. Le schéma méthodologique de Lanson peut encore aujourd'hui servir de point de départ pour bon nombre de recherches :

A. On débute par une recherche de détails, qui se décompose en plusieurs stades :
   1. l'édition critique, l'établissement du texte ; il faut en effet s'assurer de travailler sur un texte complet et conforme ;
   2. des études grammaticales et stylistiques, pour lire le texte correctement et ne pas commettre des erreurs de sens dues à l'évolution du vocabulaire ;
   3. des études historiques pour éclairer le contexte.
B. Cette première démarche pourra déjà donner le jour à plusieurs types de travaux d'éruditions :
   1. publications d'inédits ;
   2. bibliographies générales ou particulières ;

3. contributions à la biographie ;
4. étude des sources ;
5. étude des influences (de l'œuvre étudiée sur l'histoire littéraire).

C. On pourra ensuite établir une histoire littéraire, qui nécessitera presque toujours le recours à une équipe de chercheurs et de spécialistes, étant donné la masse de données que l'on doit maîtriser pour pouvoir parler d'un auteur ou d'une période.

D. Enfin, on aboutira à des monographies sur des auteurs qui permettront d'élucider et d'expliquer leur œuvre – sans pour autant chercher à la juger – en fonction de

1. l'histoire de l'auteur ;
2. l'histoire littéraire ;
3. l'histoire, le contexte historique et culturel.

Lanson développera beaucoup l'idée de « courants », de mouvements littéraires, mais, au-delà d'une vision de l'histoire littéraire que certains ont violemment contestée à sa suite, pour le caractère arbitraire des découpages et des classements, Lanson en appelle à un travail plus ouvert qu'il n'y paraît.

Tout d'abord, il est toujours loisible d'établir des histoires littéraires fondées sur d'autres classements, voire sur des critères aussi peu « catégoriels » que ceux privilégiés par Denis Hollier, dans son récent *De la littérature française*, traduit de l'américain, où l'on trouve une succession d'articles centrés autour d'une date et d'un événement précis, littéraire ou non, (depuis 778, la mort de Roland à Roncevaux – « Comment dater une œuvre ? », jusqu'au bicentenaire de la Révolution, en 1989, « Comment peut-on être Français ? »).

Ensuite, comme le développe très bien le volume d'études collectif dirigé par Henri Béhar et Roger Fayolle, *L'histoire littéraire aujourd'hui*, l'approche de Lanson en appelle naturellement aux développements de nombreuses autres disciplines de la critique littéraire : la littérature comparée – par son ouverture sur les autres littératures autant que par les comparaisons entre époques, mouvements ou par les études d'influence –, la sociologie – par l'intérêt porté à la réception et à la production des œuvres –, la génétique textuelle, la psychanalyse elle-même et jusqu'aux développements les plus récents rendus possibles par l'informatique, tels que la lexicométrie.

Notons encore l'approche de Jean Prévost (1901-1944) qui, écrivain et critique à la fois, s'est attaché à découvrir, par l'érudition, ce qui faisait la particularité du génie d'un écrivain. L'érudition lui permet d'établir les faits biographiques importants dans la vie d'un auteur – rencontres, événements familiaux et personnels, etc. – et ses lectures les plus influentes pour, ensuite, non pas établir de simples rapports de cause à effet – pour les faits – ou d'influence – pour les lectures –, mais pour essayer de comprendre comment une individualité les a intégrés à sa perception esthétique et poétique afin, grâce à cette lente cristallisation d'éléments disparates mêlés à une nature individuelle, de donner la forme particulière du talent de l'auteur. Il s'oppose ainsi ouvertement à la notion romantique d'inspiration, et évite le simplisme de la critique biographique en dénotant davantage les différences, nées du travail littéraire, entre les faits bruts et la manière dont l'écrivain les absorbe dans son œuvre.

▲ La critique créatrice

Ce sera le lieu de rencontre de professeurs, de critiques professionnels et d'écrivains ayant mêlé à leur œuvre une part importante de critique, tels Valéry, Alain, Du Bos, Suarès ou Proust. Ces écrivains estiment – et peut-être n'ont-ils pas tout à fait tort – que, pour être bon critique, il faut avant tout être bon écrivain. La critique devient, pour eux, une forme de création à part entière, à l'opposé de la vision qu'en avait Taine. André Suarès, par exemple, bien que juif provençal, se fera passer pour pur breton, histoire de contrecarrer les catégories de Taine. Tous, d'une manière ou d'une autre, insistent sur l'importance de saisir la personnalité profonde de l'écrivain, entité psychologique distincte de la personne – le moi créateur ne se confond pas avec le moi social. Ils prolongent d'une certaine manière l'approche de Prévost, mais en rejetant l'érudition, l'apport que pourraient fournir les éléments anecdotiques qui ne peuvent, à leurs yeux, que brouiller la perception fondamentale que l'on doit atteindre de l'œuvre et de l'auteur – c'est le principal reproche que Proust adresse à Sainte-Beuve, dans son *Contre Sainte-Beuve*.

> […] un livre est le produit d'un autre moi que celui que nous manifestons dans nos habitudes, dans la société, dans nos vices. Ce moi-là, si nous voulons essayer de le comprendre, c'est au fond de nous-même, en essayant de le recréer en nous que nous pouvons y parvenir [1].

Le critique, face à l'œuvre, doit s'abstraire, par l'imagination, pour reconstituer quelque chose que rien, sinon cette méthode, ne peut saisir : le moi profond, créateur d'un auteur. Le progrès historique ne concerne pas la création ; tout artiste véritable, par son originalité, est presque toujours en position de tout réinventer. Qui plus est, ce n'est pas tant l'auteur qui crée l'œuvre que l'œuvre qui crée l'auteur – idée qui sera également au cœur du « manifeste » rédigé par Jean-Luc Moreau, en 1991, pour définir l'approche des écrivains qu'il rassemble sous le label de « Nouvelle Fiction ».

Le critique est ainsi à même de comprendre non seulement l'univers profond d'un écrivain, mais aussi de percevoir jusqu'aux œuvres qu'il n'a pas écrites, mais qu'il aurait pu écrire. La sympathie critique permet donc de dépasser la simple description du patent pour plonger dans la compréhension du possible.

● Albert Thibaudet (1874-1936)

Avec Thibaudet, on revient à la critique universitaire, mais dans une perspective assez différente de celle de Lanson. Thibaudet est un disciple de Bergson. Proche de la NRF, il fut un des premiers à attirer l'attention sur des écrivains contemporains tels que Gide. Doté d'une intelligence supérieure et d'un style remarquable, Thibaudet adapte à la critique littéraire les éléments essentiels de la philosophie de Bergson. Si les choses bougent, n'existent que par le mouvement, il n'est pas pensable de figer le discours critique sur des valeurs passées et canoniques ; la critique doit épouser le mouvement de la création, l'anticiper même en cherchant à comprendre – sans juger – la manière dont les idées évoluent. Comme Prévost, il s'entoure de renseignements sur l'œuvre et sa genèse, sur le contexte social et historique ; à la notion de périodes ou de mouvements littéraires chère à l'histoire littéraire fondée par Lanson, il préférera

1. Marcel Proust, *Contre Sainte-Beuve*, chez Fayolle, p. 221-222.

celle de « génération », se fondant davantage sur les liens qu'instituent les idées ; mais surtout, il évoquera des auteurs avec lesquels il sympathise profondément, dont il épouse l'univers, la pensée.

Qu'ils soient écrivains ou professeurs, les tenants de cette critique « créatrice », ou de « sympathie », apportent des éléments essentiels pour la compréhension de ce que l'on se contente trop souvent de nommer le « mystère de la création ». Cette approche privilégie l'imagination sur l'intelligence et rejette, en tout ou partie, l'érudition – du moins refuse-t-elle de s'en tenir là. Travail créatif en lui-même, cette critique que certains ont pu qualifier d'égotique – particulièrement dans le cas de Valéry – est néanmoins précieuse d'abord par son ouverture, ensuite par cette plongée dans une zone de l'esprit humain que la pensée cartésienne semble inapte à décrypter, enfin par ce qu'elle nous apprend, dans le cas des écrivains qui la pratiquent, sur ces écrivains mêmes, puisqu'ils partagent cette idée que la critique est en soi déjà une aventure littéraire, par laquelle on élabore également son moi créateur.

La critique phénoménologique

Nous reprenons cette appellation à Eagleton, qui démontre avec pertinence et intelligence l'influence exercée sur différents mouvements de la critique littéraire par la philosophie d'Husserl – et également par celle d'Heidegger.

Selon Eagleton, la phénoménologie a opéré, au lendemain du premier conflit mondial et alors que notre civilisation occidentale affrontait une crise très grave, un recentrement du monde sur le sujet. Si la phénoménologie allait principalement inspirer l'École de Genève (voir plus loin), elle exercera aussi une influence sur les formalistes russes qui, eux, allaient modifier considérablement la critique littéraire :

> Dans le domaine de la théorie littéraire, la phénoménologie eut une influence certaine sur les formalistes russes. Alors que Husserl met l'objet réel hors « parenthèses » pour produire l'acte de le con-

> naître, la poétique des formalistes met l'objet réel entre parenthèses et se concentre sur la façon dont il est perçu. Mais c'est l'École de Genève qui est la plus redevable à la phénoménologie [Poulet, Starobinski, Rousset, Richard. Voir plus bas, la critique thématique]. [...] La théorie phénoménologique vise plutôt une lecture « immanente » du texte, totalement indifférente à quelque contexte que ce soit [1].

Eagleton pose en effet les limites de la phénoménologie et la différence essentielle qu'il y aura entre cette pensée et ce qui se développera en critique littéraire, principalement sous l'influence de la linguistique de Saussure. Pour Husserl, en effet, la signification précède le langage, en quoi il s'oppose aux théories linguistiques qui vont influencer, entre autres, les formalistes, et pour lesquelles le langage produit le sens, et non l'inverse. Le sens précéderait donc également, selon Husserl, le texte : « De ce point de vue, le sens d'une œuvre littéraire est fixé une fois pour toutes : il est identique à « l'objet mental » que l'auteur avait à l'esprit, ou dont il avait l'intuition au moment d'écrire, quel que soit cet objet [2]. » Cependant, il ne peut y avoir de sens sans langage, ce qui implique dès lors que l'individu isolé ne peut exister ; dès qu'il y a langage, il y a société. Pourtant, Husserl procède à un retrait de l'histoire : « La phénoménologie cherche à résoudre le cauchemar de l'histoire moderne en se retirant dans une sphère contemplative où la certitude éternelle reste en attente ; elle est ainsi devenue le symptôme, dans sa solitude et son renfermement, de la crise qu'elle se propose de dépasser [3]. »

À l'opposé, Heidegger inscrit l'être dans le monde de manière irrémédiable – le *Dasein*. Impossible, selon lui, de dissocier l'être du monde ; nous vivons dans une réalité inobjectivable, puisqu'elle nous entoure et que nous en faisons partie. Il s'agit donc de se mettre à l'écoute de ce monde dans une attitude passive et d'accorder une importance primordiale au langage, contrairement à ce que faisait Husserl. En ce sens, Heidegger est proche des structuralistes et des linguistes sausurriens.

---

1. Terry EAGLETON, *Critique...*, p. 59.
2. *Ibid.*, p. 67.
3. *Ibid.*, p. 62.

Cette attitude se transposera à la lecture littéraire qui, selon Heidegger, est avant tout une écoute passive de ce que dit le texte, entité aussi mystérieuse que le monde et l'Être. Cette philosophie, qui privilégie l'Être comme préexistant au sujet et qui mène à une contemplation passive et exaltée du monde et de la Nature, amènera le philosophe allemand, en 1933, à soutenir Adolph Hitler – même s'il s'en écartera par la suite. Si on a pu croire, initialement, que sa vision ancrerait davantage l'être – et le texte – dans le contexte et la société, cette servilité exige qu'on nuance, pour le moins, cette vision des choses.

Chacune à leur manière, les pensées d'Husserl et d'Heidegger vont influencer la critique littéraire de ce siècle. À moins de considérer les choses autrement : personne ne crée seul une pensée, un système philosophique ou une science. Ce n'est jamais que la cristallisation particulière, opérée par un individu, d'un courant de réflexions et de préoccupations partagé par toute une génération. C'est ainsi que l'on peut retrouver, à la fin du XIXe siècle, des préoccupations similaires chez Freud, Villiers de l'Isle-Adam ou Maupassant, pour ne citer que ceux-là.

Il est frappant de constater, en observant les tendances de notre siècle, l'importance que prendra le langage. La linguistique va jouer un rôle déterminant dans la critique littéraire – même si, depuis quinze ans, on assiste à une remise en cause profonde de cette prédominance –, et cette réflexion sur le langage mènera les théoriciens à vouloir l'appréhender dans son acception la plus générale ; l'ouverture à la sociologie ou à d'autres sciences humaines sera dès lors inévitable pour la critique littéraire. Même quand, comme chez les formalistes ou les structuralistes, elle considérera le texte comme une entité autonome, elle tentera de définir la spécificité du langage littéraire par rapport aux autres formes de langage (voir Jakobson).

Ce mouvement, parallèle aux crises que notre civilisation ne cesse de traverser depuis 1914, a une conséquence que Eagleton notait déjà chez Husserl : l'accent mis sur le langage en tant que phénomène autonome et suffisant à l'analyse éloigne progressivement toute préoccupation portant sur le sens. Les critiques littéraires qui choisiront de porter leur attention sur de telles questions de sens seront le plus souvent marginalisés, minimisés, critiqués par les autres. Le structuralisme sera l'aboutissement le plus accompli de ce rejet du sens, dans le domaine de la théorie littéraire ; dans la pratique, on peut considérer que le Nouveau Roman réalise lui aussi cette évacuation du sens en privilégiant une approche centrée sur la forme que peuvent prendre le roman et le récit.

▲ Les formalistes russes

En 1915, se crée à Moscou le Cercle linguistique, où se retrouvent des poètes, des théoriciens de la littérature, des ethnologues et des linguistes, parmi lesquels Jakobson, Propp, Eikhenbaum... Comme souvent, l'appellation sous laquelle on les connaît aujourd'hui leur vient d'opposants, qui acceptent mal la révolution qu'ils tentent d'introduire tant en linguistique qu'en critique littéraire : partant de la linguistique et des apports théoriques les plus récents, ils portent toute leur attention sur les structures et les fonctions du langage. Si la linguistique établit que la langue est composée de phonèmes et de morphèmes et qu'elle est régie par leurs combinaisons qui répondent à des structures et des fonctions précises, il doit être possible de procéder de la même manière pour ce langage particulier qu'est la littérature – comme le fera Claude Lévi-Strauss pour les mythes.

Ils conçoivent donc un texte comme un « simple » système de signes. Ils rejetteront dès lors tout apport extérieur pour « expliquer » le texte : tout s'y trouve, rien ne doit se chercher en dehors de cette combinaison particulière de signes. Pour autant, langage parmi d'autres, la littérature pourra et devra s'insérer dans le champ socioculturel. D'abord, parce qu'elle est perçue comme une désautomatisation des règles habituelles qui régissent le langage. De cette manière, elle exerce une fonction particulière – la fonction poétique de Jakobson – et, à terme, peut modifier les règles générales de la communication. D'autre part, le langage littéraire se retrouve ailleurs que dans les « séries » littéraires ; ne le retrouverait-on pas dans d'autres types de discours, comme la publicité, la politique, les genres que l'on range dans la « paralittérature » ?

> Les formalistes voyaient donc le langage littéraire comme une série de déviations par rapport à une norme, une sorte de violence linguistique : la littérature est un langage « spécial », à distinguer du langage « ordinaire » que nous utilisons quotidiennement. Mais détecter une déviation implique d'être capable de repérer la norme de laquelle on s'écarte. [...] les normes et les déviations dépend[ent] de chaque contexte historique ou social [...] « la poésie » dans ce sens dépend du lieu où l'on se trouve. Le fait qu'un acte de langage produise un « effet d'étrangeté » ne garantit pas que ce soit toujours et partout le cas : cet effet d'étrangeté n'existe qu'en s'opposant à un certain acquis linguistique, et si cette relation s'altère, alors l'écriture peut cesser d'être perçue comme littéraire. [...] En d'autres termes, pour les formalistes, la littérarité était fonction des relations différentielles entre une forme de discours et une autre ; ce n'était pas une propriété immanente. Ils ne tentaient pas de définir la « littérature » mais la « littérarité » – c'est-à-dire des usages particuliers du langage, qui pouvaient se retrouver dans les textes « littéraires » tout autant que dans bien d'autres types de textes [1].

« Qu'est-ce que la littérature ? » : les formalistes posent cette question, qui sera reprise plus tard par Jean-Paul Sartre. Elle sonne le glas d'une des certitudes qui sous-tendaient toutes les approches de la critique littéraire jusqu'alors, même celles qui se sont opposées le plus violemment, certitude selon laquelle il existe une « évidence » littéraire, un « quelque chose » qui, immanquablement, permet de détecter ce qui est de la littérature – de la grande littérature, surtout, puisque la critique, jusqu'ici, ne s'occupe que de celle-là, sous-entendant que ce dont elle ne s'occupe pas n'est pas digne d'être qualifié de littéraire. Le concept de « littérarité » va considérablement élargir le champ d'investigation des critiques, parfois au détriment des textes eux-mêmes – ainsi, la sociocritique d'un Bourdieu, aujourd'hui, semble chercher à définir le littéraire sans prendre la peine d'ouvrir un livre.

Une autre conséquence de cette approche va être de considérer *a priori* que la littérature se confond avec la poésie. Or, toutes les phrases d'un texte, et particulièrement d'un texte en prose, ne produisent pas cet « effet d'étrangeté », et des effets d'étrangeté sont produits par des textes qui n'ont rien de poétique.

---

1. *Ibid.*, p. 6.

L'apport des formalistes est néanmoins crucial dans la critique littéraire contemporaine ; à leur suite, plusieurs types de recherches littéraires se développeront, comme nous le verrons plus loin : études de récit et sémiotique ; poétique ; narratologie…

● ROMAN JAKOBSON (1896-1982)

On l'a vu, Jakobson a participé à la fondation du Cercle à Moscou. De 1920 à 1939, il participera activement à l'École de Prague, ouverte aux linguistes, poètes, folkloristes et philosophes, où il va développer ses théories sur le schéma de la communication.

Il y distingue six facteurs, qui eux-mêmes déterminent six fonctions. L'analyse des « messages » de la communication consistera à mettre au jour la hiérarchie en jeu entre les différentes fonctions – toutes se trouvant représentées, mais certaines étant privilégiées par le destinateur.

Voyons rapidement quels sont ces *six facteurs* :

1. *le contexte* : ce à quoi renvoie le message. Il est verbal ou pourrait être verbalisé. On appelle aussi ce facteur « le référent » ;
2. *le destinateur* : celui qui envoie le message ;
3. *le destinataire* : celui à qui le message est destiné ;
4. *le contact* : canal physique et connexion psychologique qui s'établissent entre le destinateur et le destinataire ;
5. *le code* : permet le codage du message par le destinateur et son décodage par le destinataire. Il faut donc qu'il soit, au moins en partie, commun aux deux ;
6. *le message*.

Et voici les *six fonctions* :

1. *référentielle* : fonction la plus couramment privilégiée. Elle renvoie davantage au contexte qu'au texte. C'est « ce dont on parle » qui est privilégié, non la manière dont on le dit ;
2. *émotive* : le plus souvent effectuée par les interjections, l'intonation, certains adverbes qui rendent mieux les sentiments du destinateur, les premières personnes du singulier et du pluriel. Cette fonction est centrée sur le destinateur ;

3. *conative* : celle-ci est centrée sur le destinataire. L'exemple type en est le vocatif ou l'impératif. Elle privilégie la deuxième personne et l'apostrophe ;
4. *phatique* : fonction liée au contact, par laquelle on va maintenir ce dernier. C'est pourquoi c'est la fonction que les enfants acquièrent en premier, et c'est la seule que certains animaux – comme les perroquets – maîtrisent (selon Jakobson). Ce sont, bien entendu, des mots tels que « allô », mais aussi tout ce qui attire l'attention, jusqu'à la disposition typographique du texte ;
5. *métalinguistique* : fonction par laquelle les interlocuteurs vont s'assurer de leur accord sur le code utilisé. Ce sont ces phrases par lesquelles on vérifie que l'autre nous comprend ou que l'on explique par synonymie ou définition le sens d'un mot. Un dictionnaire privilégie la fonction métalinguistique ;
6. *poétique* : c'est l'unique fonction qui s'intéresse au message en tant que tel. Elle attire l'attention sur le fait que l'on formule les choses d'une manière et pas d'une autre, par tous les procédés poétiques possibles. C'est elle qui produit « l'effet d'étrangeté » dont nous parlions précédemment.

On peut les regrouper dans le tableau suivant :

Facteurs	Fonctions
contexte	référentielle
destinateur	émotive
destinataire	conative
contact	phatique
code	métalinguistique
message	poétique

Une analyse textuelle fondée sur ce schéma n'en demeure pas moins un exercice particulièrement fastidieux et peu intéressant quant aux conclusions que l'on peut tirer et aux perspectives qui peuvent être dégagées. C'est d'ailleurs une remarque qui sera souvent formulée à l'égard d'approches de ce type, comme le structuralisme : on apprend à voir comment un texte fonctionne, sans pour autant mieux comprendre les sens qui pourraient s'y déployer.

● VLADIMIR PROPP (1895-1970)

On ne s'étendra pas ici sur le détail des fonctions que Vladimir Propp, dans son célèbre essai sur *La morphologie du conte*, met en lumière et détermine comme fondamentaux dans tout conte populaire.

Propp influencera les travaux de Lévi-Strauss sur le mythe ; pour lui, tout conte met en jeu tout ou partie des trente et une fonctions « des personnages » déterminées – peu importe qu'elles soient ou non toutes présentes. Ce sont ces fonctions qui structurent le conte ; l'essentiel réside dans la manière dont il va combiner et sélectionner les fonctions, qui par ailleurs respecteront toujours l'ordre global déterminé par le schéma : on part d'une situation initiale, où le héros s'éloigne de sa famille, pour arriver à une fin, où le héros se marie et triomphe. Les fonctions sont liées à des éléments auxiliaires et peuvent se combiner de manière parfois très complexe. Il y aussi des « sphères d'action », où des personnages apparaissent pour exercer une fonction qui se situe toujours au même endroit du schéma. Aussi complexe que soit cette fréquence de fonctions, elle restera l'unité formelle minimale qui définit, en tant que tel, le conte merveilleux – le plus achevé étant celui qui utiliserait les trente et une fonctions.

Propp aboutit à la conclusion que tous ces contes doivent provenir d'une source unique et psychique, un « invariant » de l'esprit humain.

Si l'on se penche aujourd'hui sur un certain type de littérature populaire – les séries « Harlequin », « SAS »... – ou de production cinématographique – *Die Hard*, *The Rock*, les thrillers, westerns... –, on s'apercevra sans doute que chacun de ces récits répond lui aussi à un schéma de fonctions, parfois défini directement par l'éditeur de manière très précise, comme dans le cas des « Harlequin ». Cela pose quelques questions, qui permettraient peut-être de relancer les études de Propp : d'abord, peut-on considérer que cette « découverte » de la critique a influencé un certain type de production de fiction ? Ensuite, si Propp croit pouvoir établir que ce schéma permettrait de remonter à un invariant psychique, les modifications que l'étude des productions citées ici ne manqueraient pas d'apporter à son schéma, ne tendraient-elles pas à démontrer que « l'invariant » le plus important à détecter ne se situe pas tant dans la genèse de l'œuvre, mais dans sa réception ? En d'autres mots, il faudrait sans doute, par ces études, rétablir un aspect que Propp a escamoté : le principe de narration, propre au conte, principe qui a subi des modifications par l'évolution des techniques et des mentalités, qui pousse un public nombreux à privilégier un type de récit où l'histoire importe moins que la structure répétitive, et pour ainsi dire éternelle, qui mène au dénouement d'une action, tissée le plus souvent des stéréotypes les plus clichés.

▲ Le structuralisme

Le mouvement structuraliste va connaître un essor et un succès importants dans les années soixante et septante. Il se fonde à la fois sur le structuralisme linguistique de Saussure et sur le structuralisme anthropologique de Lévi-Strauss. D'une certaine manière, la critique thématique s'inscrit elle aussi dans le structuralisme ; mais le mouvement dont nous parlons ici, et qui connut son heure d'apogée, s'est particularisé par son approche narratologique.

Quelles sont les conditions logiques de la narration, et partant, de la « littérarité », pour reprendre une réflexion entamée avec les formalistes ? Peut-on, à l'instar de la grammaire générative, définir un « tableau des possibles littéraires » qui permettrait de considérer tout texte comme une forme linguistique particulière « fabricable » suivant des règles déterminées ?

Un volume d'études de la revue *Communications*, devenu célèbre, livre, en 1966, les orientations principales de *L'analyse structurale du récit*. On y trouve des articles de Barthes, Greimas, Bremond, Eco, Todorov, Genette et d'autres. Il s'agit, pour eux, de démystifier la littérature et de privilégier le langage. C'est lui qui crée et structure la réalité. Tout, même l'intériorité de l'être, est produit par une structure.

Propp avait déjà établi des typologies pour les contes. On continuera dans cette voie, en persévérant de surcroît dans le rejet de l'individu, auteur ou lecteur. Seul compte le texte.

Algirdas Greimas (1917) poursuit les travaux de Propp et établit un système de sémantique structurale d'abord purement linguistique, qu'il étendra ensuite à la critique littéraire. Ensuite, il approfondit la question de la sémiotique et analyse les différents systèmes sémiotiques (dictons, mythes, proverbes, contes...) Inspiré par les travaux de Hjelmslev, structuraliste danois, il distingue la sémiotique – qui s'intéresse au « plan de l'expression » – de la sémiologie – qui privilégie le « plan du contenu ».

Gérard Genette (1930) [1]

En introduction au *Discours du récit*, Genette distingue trois concepts : l'histoire, le récit et la narration :

> Je propose [...] de nommer *histoire* le signifié ou contenu narratif [...], *récit* proprement dit le signifiant, énoncé, discours ou texte narratif lui-même, et *narration* l'acte narratif producteur et, par extension, l'ensemble de la situation réelle ou fictive dans laquelle il prend place [2].

Son objectif est d'étudier, par le biais d'un « balayage » d'*À la recherche du temps perdu*, les relations entre ces trois concepts.

Il reprend les catégories dégagées par Todorov en 1966, mais les infléchit quelque peu ; considérant que tout récit est une production linguistique, il le traite comme le développement donné à une forme verbale et lui applique, *mutatis mutandis*, les catégories de la grammaire du verbe : 1° le temps ; 2° le mode ; 3° la voix.

• *Le temps*

La première notion que Genette distingue, dans le temps, est celle de *l'ordre*. Il met en lumière trois catégories :

1. **L'anachronie** : il s'agit de la confrontation de l'ordre de succession des événements dans l'histoire à l'ordre de leur apparition dans le récit. La discordance entre ces deux ordres est appelée *anachronie* narrative.

---

1. Je tiens à remercier Michel Guissard qui m'a apporté une aide fort utile pour le point concernant Gérard Genette.
2. Gérard GENETTE, *Figure III*, p. 72.

2. **La portée et l'amplitude** : La *portée* de l'anachronie est la distance temporelle entre le moment où le récit s'interrompt pour faire place à l'histoire. L'*amplitude* de l'anachronie correspond à la durée plus ou moins longue de l'histoire elle-même.

   Exemple : lorsque Homère, au chant XIX de l'*Odyssée*, évoque les circonstances dans lesquelles Ulysse, adolescent, reçut une blessure dont il porte encore la cicatrice au moment où Euryclée s'apprête à lui laver les pieds, l'anachronie (qui occupe les vers 394 à 466) a une portée de plusieurs dizaines d'années et une amplitude de quelques jours.
3. **L'analepse et la prolepse** : *l'analepse* détermine toute évocation après coup d'un événement antérieur au point de l'histoire où l'on se trouve. La *prolepse*, quant à elle, désigne toute manœuvre narrative consistant à raconter ou évoquer d'avance un événement ultérieur.

Après l'ordre, Genette s'intéresse à la *durée* (ou vitesse narrative).

On peut résumer quelques années d'une vie en quelques mots ou développer un épisode particulier de quelques heures en un roman. Genette retient quatre formes canoniques du *tempo* romanesque (quatre *mouvements* narratifs) :

1. **Le sommaire** : le temps du récit est inférieur au temps de l'histoire (TR < TH), ce qui produit un effet d'accélération. C'est là un procédé classique qui consiste à raconter brièvement, sans détails d'actions ou de paroles, plusieurs journées, mois ou années écoulés, entre deux scènes considérées comme plus importantes.
2. **La pause descriptive** : le temps du récit se déroule, alors que le temps de l'histoire est interrompu (TR = n, TH = 0). La pause ne doit pas être confondue avec la description focalisée par un personnage, laquelle fait partie de la durée de l'histoire. Elle correspond à des descriptions non focalisées ou à des digressions non narratives (interventions de l'auteur, commentaires).
3. **L'ellipse** : le temps nul du récit correspond à une durée quelconque de l'histoire (TR = 0, TH = n). On est dans le cas d'une durée de l'histoire élidée par le récit. D'un point de vue formel, Genette distingue les *ellipses explicites* (« Deux ans plus tard », « Quelques années passèrent »), dont certaines sont qualifiées (« Après deux ans d'un bonheur sans ombre »), et les *ellipses implicites*, c'est-à-dire celles dont la présence n'est pas déclarée dans le texte, mais que l'on peut inférer.
4. **La scène** : le temps du récit correspond au temps de l'histoire (TR = TH). La scène d'un dialogue constitue l'exemple type de corres-

pondance entre temps du récit et temps de l'histoire. Classiquement, elle est un lieu de concentration dramatique.

Viennent ensuite les relations de *fréquence* (de répétition) entre récit et histoire. Trois cas peuvent se présenter :

1. **Le récit singulatif** : raconter une fois ce qui s'est passé une fois (1R/1H), ou raconter n fois ce qui s'est passé n fois (nR/nH).
2. **Le récit répétitif** : raconter n fois ce qui s'est passé une fois (nR/1H).
3. **Le récit itératif** : raconter (en) une seule fois ce qui s'est passé n fois (1R/nH).

• *Le mode*

En étudiant le mode, Genette va s'intéresser aux modalités du récit. Il distingue deux aspects : le récit de parole et la focalisation.

Il y a plusieurs états possibles du discours (*récit de parole*) d'un personnage :

1. **Le discours narrativisé**, c'est-à-dire traité comme un événement parmi d'autres et assumé par le narrateur lui-même. « Il se fâcha, l'injuria, partit en claquant la porte ».
2. **Le discours transposé**, qui utilise le style indirect (libre). « Je le vis en coup de vent ; il me dit qu'il était pressé à cause de la fermeture prochaine du théâtre ».
3. **Le discours rapporté**, c'est-à-dire la citation littérale des paroles du personnage en style direct. « Je le vis en coup de vent ; il me dit : « Je suis pressé à cause de la fermeture prochaine du théâtre ».

La *focalisation*, quant à elle, concerne la position du narrateur par rapport aux événements qu'il relate. Genette distingue trois types de focalisation :

1. **La focalisation zéro** (ou récit non focalisé) : récit dans lequel le narrateur en sait, en dit plus que n'en sait aucun des personnages.
2. **La focalisation interne** : récit qui passe par la conscience d'un sujet témoin. Le narrateur ne dit que ce que sait tel personnage. On peut avoir une *focalisation interne fixe*, où l'on se limite à un point de vue ; une *focalisation interne variable*, où le personnage focal change (exemple : dans *Madame Bovary*, le personnage focal est Charles, puis Emma, puis Charles) ; enfin, une *focalisation interne multiple*, où le même événement peut être évoqué plusieurs fois, selon le point de vue de plusieurs personnes, comme dans les romans par lettres.

3. **La focalisation externe** : récit purement objectif, où le héros est traité de l'extérieur, sans que l'on connaisse rien de ses pensées, de ses sentiments.

- ***La voix***

Par la voix, Genette entend tout ce qui touche plus directement à la narration. Il aborde ici trois concepts : le temps de la narration, le niveau narratif et la personne.

Il y a quatre *temps de narration* possibles :

1. **La narration ultérieure**, qui est le type le plus fréquent : on raconte l'histoire après qu'elle est entièrement terminée.
2. **La narration antérieure**, qui correspond au récit prédictif (comme les textes prophétiques), souvent au futur ou au présent.
3. **La narration simultanée** où l'on a une coïncidence de l'histoire et de la narration (cf. le Nouveau Roman).
4. **La narration intercalée**, qui mélange la narration ultérieure et la narration simultanée, comme dans la confidence épistolaire où l'on relate des événements passés et où on les commente également au moment de l'écriture.

Les *niveaux narratifs* concernent les récits enchâssés. Dans un récit à enchâssement, deux niveaux coexistent : le récit premier, produit par un narrateur, à l'intérieur duquel un personnage prend en charge un récit second. Le narrateur du récit premier est dit *extradiégétique* ; celui du récit second est dit *intradiégétique*. Le récit au second degré, qui participe de l'enchâssement, est dit *métadiégétique*.

La question de la *personne* étudie le rapport entre le narrateur et le personnage du récit. Elle permet de distinguer trois types de récits :

1. **Le récit homodiégétique** : le narrateur et le personnage ne font qu'un.
2. **Le récit hétérodiégétique** : le narrateur et le personnage sont dissociés.
3. **Le récit autodiégétique** : le narrateur est plus qu'un personnage du récit, il en est le héros.

Tous ces concepts sont certes très intéressants et peuvent produire des analyses de texte très enthousiasmantes, dans la mesure où le critique est amené à démonter patiemment un mécanisme plus ou moins riche suivant le texte choisi. Pourtant, une telle analyse ne peut être considérée comme une fin en soi, ce qu'elle fut malheureusement trop souvent dans le chef des structuralistes, qui pensaient pouvoir trouver des explications universelles à la création littéraire.

> Le structuralisme [...] na[ît] [...] de l'exclusion ironique du monde matériel pour éclairer au mieux la conscience que nous en avons. Pour quiconque croit que la conscience a une dimension *pratique* importante inséparable de nos façons d'agir dans et sur la réalité, une telle démarche est vouée à l'échec. C'est comme tuer une personne afin d'en examiner plus facilement la circulation sanguine. [...] Au fond, si les théoriciens traditionnels forment une élite spirituelle, les structuralistes semblent bien former une élite scientifique, pourvue d'un savoir ésotérique très éloigné du lecteur « ordinaire ».
>
> Au moment où le structuralisme rejette l'objet véritable, il rejette le sujet humain. Et c'est en effet ce double mouvement qui définit le projet structuraliste. L'œuvre ne se réfère pas à un objet et n'est pas non plus l'expression d'un sujet individuel ; tous deux sont neutralisés avec entre eux, suspendu en l'air, un système de règles. Ce système a sa propre vie indépendante, et ne s'abaissera pas jusqu'aux intentions individuelles. C'est peu dire que le structuralisme a un problème avec le sujet individuel : le sujet est effectivement liquidé, il est réduit à la fonction d'une structure impersonnelle. Pour le dire autrement : le nouveau sujet, pour le structuralisme, est *le système*, qui dispose de tous les attributs [...] de l'individu traditionnel. Le structuralisme est un « antihumanisme » [...] Pour transmettre un message, l'émetteur doit déjà être pris et constitué par le langage. Au commencement, était le Mot [1].

D'une certaine manière, on peut lier l'émergence du Nouveau Roman avec l'importance que le structuralisme prendra dans les mêmes années. Dans les deux cas, on s'intéresse davantage à démontrer *comment* le texte fonctionne ou, dans le Nouveau Roman, comment le texte *fonctionnait* pour produire une œuvre où cela fonctionnera autrement ; dans les deux cas, on assiste à une évacuation du sujet et du sens. Faut-il voir là l'angoisse née des bouleversements provoqués par la guerre, l'angoisse que les intellectuels ont refusé d'affronter ? C'est possible, d'autant plus que la démarche se

1. *Ibid.*, p. 109 et 112.

retrouve dans tous les autres arts, musique, peinture, sculpture… Le public ne s'est pas trompé, d'ailleurs, qui, dans sa vaste majorité – qui ne peut se confondre avec une foule idiote, quoi qu'en disent les intellectuels défenseurs de ces esthétiques et de ces théories –, s'est désintéressé de ces formes d'art et de pensée qui lui semblaient froides, déshumanisées, intellectuelles à l'excès pour ne pas dire intellectualistes.

Reste qu'il ne faudrait pas, si juste que soit la critique de Terry Eagleton – critique assez largement répandue aujourd'hui, puisque le structuralisme a connu un déclin au moins aussi important et profond que sa gloire avait été rapide et retentissante dans les milieux intellectuels – jeter le bébé avec l'eau du bain. Il faudrait pouvoir reprendre les méthodes et les outils mis au point par ces critiques tout en réintégrant le sens et le sujet ; non seulement les réintégrer, mais encore les définir comme but final de toute analyse. L'explicitation du *comment* ne serait, dès lors, plus qu'une étape vers celle du *pourquoi*, et la littérature retrouverait sa place dans une perspective plus humaine, sinon humaniste. Cette évolution est déjà sensible dans la création ; des écrivains comme ceux qui se rallient autour du label de « Nouvelle Fiction » [1] revendiquent le droit d'écrire des histoires d'aventure, même si l'érudition est présente, où les plaisirs d'écrire et de lire se confondent et ne se perdent jamais de vue. La réponse critique viendra sans doute du côté de la psychocritique – mais pas dans le sens que lui a donné Charles Mauron – et, en partie, de la sociocritique.

Cependant, il faut avant cela envisager une autre réaction au structuralisme : le poststructuralisme.

▲ LE POSTSTRUCTURALISME

● ROLAND BARTHES (1915-1980)

De tous les structuralistes, Barthes est certainement celui qui suscitera le plus de critiques. Dans *Critique et vérité*, publié en 1966

1. On y trouve, rassemblés autour de Frédérick Tristan et Jean-Luc Moreau, François Coupry, Patrick Carré, Marc Petit, Jean Levi, Georges-Olivier Châteaureynaud, Hubert Haddad et Jean Claude Bologne.

à la suite des attaques de Picard, Barthes démonte à son tour les mécanismes de « l'ancienne » critique, qui repose selon lui sur un concept dogmatique et indémontrable : la vraisemblance. Celle-ci se fonde sur trois éléments :

1. *L'objectivité* : certitude du langage, cohérence psychologique, structure du genre ; « Ainsi le vraisemblable critique s'emploie-t-il à tout rabaisser d'un cran : ce qui est banal dans la vie ne doit pas être réveillé ; ce qui ne l'est pas dans l'œuvre doit être au contraire banalisé : singulière esthétique, qui condamne la vie au silence et l'œuvre à l'insignifiance [1] » ;
2. *Le goût* : « serviteur commun de la morale et de l'esthétique, il permet un tourniquet commode entre le Beau et le Bien, confondus discrètement sous l'espèce d'une simple mesure [2] » ;
3. *La clarté* : on reproche le « jargon » de la nouvelle critique. Mais « L'ancienne critique est une caste parmi d'autres, et la « clarté française » qu'elle recommande est un jargon comme un autre [3]. »

On reproche aussi à Barthes de ne pas respecter la « spécificité littéraire », mais l'ancienne critique souffre, selon Barthes, « d'asymbolie », c'est-à-dire qu'elle refuse ou qu'il lui est impossible de prendre en compte la dimension symbolique de toute œuvre littéraire. De ce symbolisme foncier, découle la pluralité des sens, chaque sens dépendant d'un regard et d'un contexte.

Pour le premier Barthes, trois langages s'articulent autour de l'œuvre :

1. *La Science de la littérature*, qui porte sur la pluralité des sens du texte. Fondée sur un modèle linguistique, elle étudie les conditions du contenu, les formes, les variations de sens possibles, en acte ou en puissance. Barthes croit dans la méthode de Greimas, en une grammaire générative portée à l'échelle du texte littéraire ; « Il y a peut-être en l'homme une *faculté de littérature*, une énergie de parole, qui n'a rien à voir avec le « génie », car elle est faite, non d'inspirations ou de volontés personnelles, mais de règles amassées bien au-delà de l'auteur [4]. » Mais ce faisant, Barthes ne fait que déplacer le problème :

1. Roland BARTHES, *Critique et vérité*, p. 22.
2. *Ibid.*, p. 24.
3. *Ibid.*, p. 30.

comment expliquer alors « l'auteur » ? C'est aussi énigmatique que le « génie ». Cependant, pour Barthes, l'auteur ne détient pas le sens de son œuvre ;
2. *La lecture littéraire*, donation de sens immédiate ;
3. *La critique littéraire*, donation de sens médiate, qui « assume ouvertement, à ses risques, l'intention de donner un sens particulier à l'œuvre [1]. » Elle doit considérer que tout dans l'œuvre signifie.

Barthes aura un parcours intéressant : débutant avec le structuralisme, les théoriciens de la réception, il finira par devenir post-structuraliste, peut-être pour signifier qu'il fut et demeura jusqu'au bout Roland Barthes, irréductible à tout mouvement. Pour Eagleton, c'est un jouisseur, qui lie la lecture à l'orgasme sexuel. Son approche est profondément asociale et privée. Elle est aussi déroutante par la vision qu'il développera à partir de son essai sur la nouvelle de Balzac « Sarrazine » : *S/Z*, publié en 1970.

Dans cet essai, Barthes distingue deux tendances dans l'histoire de la critique : celle qui veut « voir tous les récits du monde [...] dans une seule structure [2] » et retrouver donc une grande structure applicable à tous les textes – en d'autres mots, l'approche formaliste et greimassienne, qu'il a pourtant saluée quelques années auparavant, mais le texte y perd toute sa richesse, qui tient justement à sa différence.

> Il faut donc choisir : ou bien placer tous les textes dans un va-et-vient démonstratif, les égaliser sous l'œil de la science in-différente, les forcer à rejoindre inductivement la Copie dont on les fera ensuite dériver ; ou bien remettre chaque texte, non dans son individualité, mais dans son jeu, le faire recueillir, avant même d'en parler, par le paradigme infini de la différence, le soumettre d'emblée à une typologie fondatrice, à une évaluation [3].

Il existerait dès lors deux sortes de textes : les « scriptibles » et les « lisibles ». Le scriptible, c'est l'infini des potentialités, « [...] le romanesque sans le roman, la poésie sans le poème »... Le lisible, c'est la littérature produite, classique, « [...] la masse énorme de notre littérature [4] ». Pour distinguer dans cette masse, il faut

4. *Ibid.*, p. 58.
1. *Ibid.*, p. 56.
2. Roland BARTHES, *S/Z*, p. 9.
3. *Ibid.*, p. 9-10.

« interpréter » le texte, donc révéler sa pluralité de sens. Le texte est « une galaxie de signifiants, non une structure de signifiés ; il n'a pas de commencement ; il est réversible ; on y accède par plusieurs entrées dont aucune ne peut être à coup sûr déclarée principale ; les codes qu'il mobilise sont indécidables [1] ». Un texte véritablement pluriel ne se laisse jamais appréhender complètement, ni dans sa structure narrative, ni dans sa grammaire, ni dans sa logique du récit. Si on y arrive, ce n'est que parce qu'on a affaire à des textes « dont le pluriel est plus ou moins parcimonieux [2] ».

Ces textes peuvent être approchés par la « connotation ». La connotation est l'établissement d'un sens second. Malgré ses défauts, seule cette approche ouvre à la polysémie. La connotation renvoie à « des mentions antérieures, ultérieures ou extérieures, à d'autres lieux du texte (ou d'un autre texte) [3] ». Elle permet la dissémination des sens dans le texte, elle est « le départ d'un code » qui, engendrant par principe le double sens, « altère la pureté de la communication ; c'est un « bruit », volontaire, soigneusement élaboré [4] ». C'est donc la connotation qui introduit la possibilité de jeu dans le texte.

Ceci amène naturellement Barthes à définir ce qu'il appelle la « lecture plurielle » : tout lecteur *est* déjà une pluralité de textes et de codes dont l'origine se perd, de même qu'un texte pluriel s'écrit partiellement dans le temps de sa lecture.

> Lire, en effet, est un travail de langage. Lire, c'est trouver des sens, et trouver des sens, c'est les nommer ; mais ces sens nommés sont emportés vers d'autres noms ; les noms s'appellent, se rassemblent et leur groupement veut de nouveau se faire nommer : je nomme, je dénomme, je renomme : ainsi passe le texte : c'est une nomination en devenir, une approximation inlassable, un travail métonymique [5].

On ne peut lire, on ne peut appréhender le pluriel d'un texte que dans la mesure où l'on oublie momentanément.

---

4. *Ibid.*, p. 11.
1. *Ibid.*, p. 12.
2. *Ibid.*
3. *Ibid.*, p. 14.
4. *Ibid.*, p. 15.
5. *Ibid.*, p. 17-18.

Pour ce faire, Barthes préconise une lecture « pas à pas » : « tout signifie sans cesse, et plusieurs fois, mais sans délégation à un grand ensemble final, à une structure dernière [1] ». Cette démarche consiste à ralentir le travail de la lecture, « c'est par force renouveler les entrées du texte, c'est éviter de le structurer *de trop*, de lui donner ce supplément de structure qui lui viendrait d'une dissertation et le fermerait : c'est étoiler le texte au lieu de le ramasser [2] ». Il n'y a dès lors pas de véritable « première » lecture, puisque fondamentalement, tout texte participe à un grand texte, plus ou moins pluriel. On relit toujours un texte, même si on ne l'a jamais lu. Ceci n'est pas sans rappeler la conception du « Livre » des romantiques d'Iéna, de même que leur conception du fragment.

L'étoilement du texte est une idée-maîtresse dans l'approche de Barthes :

> On étoilera donc le texte, écartant, à la façon d'un menu séisme, les blocs de signification dont la lecture ne saisit que la surface lisse, imperceptiblement soudée par le débit des phrases, le discours coulé de la narration [3].

Pour cette lecture, dont Barthes donne l'illustration en travaillant sur *Sarrazine* de Balzac, il faut procéder à un découpage en lexies, de dimensions tout à fait arbitraires. Une seule règle : pour chaque lexie, il ne faut pas devoir énumérer plus de trois ou quatre sens ; « La lexie n'est que l'enveloppement d'un volume sémantique, la ligne de crête du texte pluriel, disposé comme une banquette de sens possibles (mais réglés, attestés par une lecture systématique) sous le flux du discours [4] ».

1. *Ibid.*, p. 18.
2. *Ibid.*, p. 20.
3. *Ibid.*
4. *Ibid.*, p. 21.

Au terme de ce parcours, on laissera le texte brisé, sans chercher à regrouper les sens relevés lors de la lecture et de l'analyse des lexies. On ne « respecte » donc pas le texte, on le malmène, on « lui coupe la parole ».

Barthes distingue cinq codes pour permettre l'analyse des lexies :

1. Le *code herméneutique*, par lequel on « distingue [...] les différents termes (formels), au gré desquels une énigme se centre, se pose, se formule, puis se retarde et enfin se dévoile [1] » ;
2. Les *sèmes* : « on les relèvera sans plus – c'est-à-dire sans essayer, ni de les tenir attachés à un personnage (à un lieu ou à un objet), ni de les organiser entre eux pour qu'ils forment un même champ sémantique ; on leur laissera leur instabilité, leur dispersion, ce qui fait d'eux les particules d'une poussière, d'un miroitement du sens [2] » ;
3. Le *champ symbolique* : « Ce champ est le lieu propre de la multivalence et de la réversibilité ; la tâche principale reste donc toujours de montrer qu'on accède à ce champ par plusieurs entrées égales, ce qui en rend problématiques la profondeur et le secret [2] » ;
4. Les *comportements* ou *actions*, organisés en séquence diverses. En faire le simple relevé ;
5. Les *codes culturels* : « citations d'une science ou d'une sagesse : en relevant ces codes, on se bornera à indiquer le type de savoir (physique, physiologique, médical, psychologique, littéraire, historique, etc.) qui est cité, sans jamais aller jusqu'à construire – ou reconstruire – la culture qu'ils articulent [2] ».

Ces cinq codes forment un réseau qui ne manifeste pas la structure mais produit une structuration.

Chaque code est l'une des forces qui peuvent s'emparer du texte (dont le texte est le réseau), l'une des Voix dont est tissé le texte. Latéralement à chaque énoncé, on dirait en effet que des voix *off* se font entendre : ce sont les codes : en se tressant, eux dont l'origine « se perd » dans la masse perspective du *déjà-écrit*, ils désoriginent l'énonciation : le concours des voix (des codes) devient l'écriture, espace stéréographique où se croisent les cinq codes, les cinq voix : Voix de l'Empirie (les proaïrétismes), Voix de la Personne (les

1. *Ibid.*, p. 26.
2. *Ibid.*, p. 27.

> sèmes), Voix de la Science (les codes culturels), Voix de la Vérité (les herméneutismes), Voix du Symbole [1].

On a pu reprocher à Barthes d'avoir fondé un système aux allures scientifiques, alors qu'il ne s'agirait que d'une justification hasardeuse d'une intuition subjective. Il est évident que l'application d'un tel système à un texte même de courte dimension a quelque chose d'éminemment fastidieux et, somme toute, de peu productif ; mais il faut une fois encore se garder de tout rejeter. Barthes, sous une démarche d'allure très structurée, très « systématique», invite surtout à s'écarter des systèmes pour s'ouvrir à la pluralité de sens dégagés par le texte ; mais cette pluralité, sous son apparente richesse, peut également représenter un terrible appauvrissement, l'infinité de sens finissant par se confondre avec « n'importe quel sens ».

Ce sera plus encore la démarche de Jacques Derrida (1930), théoricien de la « déconstruction » qui rencontre un vif succès intellectuel principalement aux États-Unis, où Derrida enseigne. Selon lui, la pensée occidentale, depuis la Grèce, se fonde sur une suprématie accordée à l'oralité, à la voix. L'écrit n'apparaîtrait que comme un outil ultérieur, ne servant qu'à conserver la trace de cette voix initiale – ce qu'il appelle la logique du « logocentrisme ». L'apport de cette démarche, ardue intellectuellement, est particulièrement riche pour la littérature la plus contemporaine qui, selon Derrida, rompt avec cette définition de l'écrit soumis au logocentrisme et de la *mimesis*, et propose une réflexion philosophique moderne directement à l'œuvre, qui n'aurait plus besoin d'être déchiffrée par un spécialiste. Rejoignant les membres du groupe *Tel Quel*, animé dans les années septante par Philippe Sollers, il fonde l'idée d'une littérature mettant en scène sa propre textualité, ne représentant plus rien d'autre que son propre procédé d'écriture.

Cette approche privilégie un certain type de textes irréductibles à la critique, comme l'explique Philippe Sollers dans l'introduction de son essai *L'écriture et l'expérience des limites* :

1. *Ibid.*, p. 28.

> Ce qui est contesté, ici, c'est l'histoire linéaire qui a toujours asservi le texte à une représentation, un sujet, un sens, une vérité ; qui réprime sous les catégories théologiques de sens, de sujet et de vérité l'énorme travail à l'œuvre dans les textes-limites. Ces limites me paraissent pouvoir être caractérisées par les noms que l'histoire linéaire – celle dans laquelle nous parlons – leur a donnés : mystique, érotisme, folie, littérature, inconscient. Il est temps [...] d'interroger systématiquement ces appellations, de faire surgir la pensée qui s'y trouve enfermée et réservée sous forme d'alibi commode. Or je pense que le trait distinctif de cette pensée est la multidimensionnalité, celle, précisément, que l'écriture, et non la parole, découvre et entraîne. L'histoire de cette production spécifique reste à faire et à intégrer au procès de l'histoire en général. En effet, immédiatement, cette histoire *textuelle* déchiffre l'histoire expressive (chrétienne) qui croit pouvoir se passer de la profondeur écrite. Dans tous les textes en question, la théorie de l'écriture est là, immanente, à l'épreuve : mais elle est perçue en général comme délire, fantasme, poésie, hermétisme, déviation individuelle, etc. Alors que si l'on change le système de lecture, si on fait de la lecture le geste de l'écriture mise en jeu par ces textes, si on cesse de les faire représenter pour en saisir à la fois l'articulation et la consumation, tout devient clair. La coupure décisive – celle qui agit rétroactivement et dans le futur – est ici Lautréamont/Mallarmé, corollaire de celle Marx/Freud. Ensuite, on peut dire que tout recommence et commence [1].

On rejoint ici l'herméneutique de Gadamer, disciple d'Heidegger, pour qui un texte en contiendrait toujours davantage que son commentaire le plus savant. Cette approche permettrait peut-être de donner une définition « en creux » de la « littérarité », ou plutôt, pour rester fidèle à la terminologie de ces auteurs, de la « textualité » : sont littéraires les textes dont on ne peut épuiser le sens.

L'idée-maîtresse est bien entendu l'importance accordée à l'écriture coupée de la représentation d'une parole qui lui serait antérieure. L'écriture parle d'elle-même et pour elle-même. Les textes que les critiques « déconstructionnistes » se sont proposés d'aborder comptent parmi les plus complexes de la littérature, dont le commentaire est souvent plus complexe encore – on est loin de la

1. Philippe SOLLERS, *L'écriture et l'expérience des limites*, p. 6-7.

clarté qu'évoque Sollers – textes qui, de surcroît, ont, pour la plupart, subi l'incompréhension des lecteurs, voire la censure. Derrida développe également l'idée d'un « hypertexte », non dans le sens où l'entend Genette, proche de l'intertextualité plus ou moins implicite, mais dans le sens d'un texte infini où chaque mot peut envoyer vers un autre texte – comme la fonction d'hypertexte a d'ailleurs été développée en informatique – ; chaque lecteur « crée » donc de la sorte un texte inédit et unique par définition, très éloigné du texte « voulu » par son « créateur » initial.

Au-delà d'un goût pour la théoricisation marqué par le structuralisme et un intellectualisme qui rebute un grand nombre de lecteurs, l'essentiel de cette démarche demeurera dans cette nouvelle révolution copernicienne qui aborde enfin le geste même de l'écriture dans ce qu'il recèle de profondément anormal, différent de tout autre discours, voire de tout autre comportement social, et qui pousse le lecteur critique à s'interroger sur ce que le texte dit de lui-même, de sa genèse, de son surgissement par l'écrit. Les potentialités ouvertes par cette approche sont loin d'avoir été épuisées.

▲ LA CRITIQUE THÉMATIQUE

On se souvient de ce que Eagleton disait de l'influence de la phénoménologie sur la critique thématique. Celle-ci s'inspire également du romantisme et de l'école d'Iéna, et s'écarte assez radicalement, sur certains points du moins, du formalisme et de structuralisme pur, en ce qu'elle refuse de considérer le texte comme un simple système langagier autonome. Ce qui compte, c'est le sens et l'être – lecteur et écrivain – qui s'élaborent grâce et à partir du texte. Ce dernier contient une part d'inconscient, qui lui préexiste, mais par ailleurs construit des significations qui n'apparaissent que dans le travail d'élaboration. Il s'agit d'une conception à la fois spirituelle et dynamique, qui intègre les éléments de différentes approches philosophiques, de Rousseau à Husserl en passant par Bergson, tout en ayant des points communs avec la psychanalyse, avec laquelle elle s'opposera toutefois radicalement sur d'autres aspects.

La critique thématique part d'une intuition et refuse les systèmes dogmatiques. Elle nécessite une profonde sympathie du critique avec le texte et l'auteur dont il parle. Par ces différents aspects, elle ne s'est jamais véritablement instituée en école critique ; la plupart de ses représentants furent ou sont, cependant, des figures éminentes de la critique littéraire. La critique thématique fut la première à mettre clairement l'accent sur la pluralité de sens dispensés par un texte, dont la lecture, dégagée de tout système et de tout préjugé, fera le patient dévoilement, dans une aventure spirituelle comparable à celle qui a mené l'œuvre au jour, dans la plus profonde empathie avec l'auteur. Le thème sera l'élément du texte choisi, par intuition, pour mener à bien cette lecture-aventure.

D'une certaine manière, la critique thématique fait la synthèse – qui peut paraître impossible à certains – entre la critique de sympathie de Sainte-Beuve et l'affirmation de Proust voulant que le moi créateur ne se confonde pas avec le moi social.

● Gaston Bachelard (1884-1962)

Voilà une figure à part dans l'histoire littéraire française, et plus particulièrement dans celle de la critique littéraire. La figure, d'abord, ou dirons-nous plutôt « l'image » de Bachelard, pour être fidèle à sa pensée : la grande barbe blanche, son passé de postier et d'autodidacte qui donnera son originalité si particulière à sa méthode et à son style, ses allures d'instituteur… Et puis, son destin : un poète, un rêveur épris de sciences exactes, qui se retrouve, à la Sorbonne, figé dans un discours universitaire rigide alors que sa pensée est avant tout faite de rêverie et de mouvement.

L'image et l'imaginaire sont les fondements de la pensée bachelardienne. En ce sens, il continue les romantiques allemands, qui avaient déjà fait de l'imagination une faculté prédominante. Il fut aussi fortement influencé par la psychanalyse, mais il s'en écartera radicalement – tout en conservant des liens avec la pensée de Jung, et particulièrement son concept d'inconscient collectif, rejeté par la psychanalyse freudienne – ; la psychanalyse considère l'œuvre comme « l'image » d'une situation antérieure, comme une expression d'une part de l'inconscient du moi. Ce moi crée l'image qui permet, en retour, de mieux le comprendre. Chez Bachelard, l'ordre est inversé : l'imagination, la création de l'image contribuent à la formation du moi. L'imagination crée l'individu davantage encore qu'elle ne l'exprime.

Tout lecteur a soif d'images, a besoin de rêver. Pour ce faire, le texte doit proposer une matière onirique qui rejoint l'universel – d'où l'importance attachée par Bachelard aux quatre éléments décrits par Aristote : l'eau, la terre, le feu et l'air, auxquels il consacrera, entre 1938 et 1948, plusieurs ouvrages devenus célèbres : *La psychanalyse du feu*, *L'eau et les rêves*, *L'air et les songes*, *La terre et les rêveries de la volonté* et *La terre et les rêveries du repos*. Le travail critique consistera à se rapprocher de ce système imaginaire non pour en faire une lecture rationaliste qui figerait le sens du texte, mais pour mettre en exergue, en la suivant, la dynamique propre de la rêverie – on retrouve ici, mais à un tout autre niveau, des particularités de la critique de sympathie.

Pour illustrer les liens entre l'imaginaire et les éléments, Bachelard dégage quand même des constantes psychiques, une matière qui permet de dépasser la simple rêverie et d'arriver la création d'une œuvre. C'est ainsi qu'il va porter son attention sur des thèmes, comme par exemple celui des « eaux claires ».

Bachelard, toutefois, se dégagera d'une vision trop liée aux seuls éléments, auxquels il manque un élément essentiel : celui du mouvement et de la dynamique, par lequel l'imagination crée du sens et de l'être.

L'apport de Bachelard à la critique est ambigu. D'un côté, il replace le discours critique dans un champ qui n'est pas seulement celui de la rationalité. Si l'œuvre est dominée par l'imagination ou l'imaginaire, il n'est pas inutile que la critique, dans sa démarche même, ne perde pas de vue cette dimension originelle. D'un autre côté, cette approche tout intuitive et poétique s'apparente mal au discours universitaire qui l'a pourtant récupérée. La lecture de Bachelard peut assurément développer la sensibilité du critique, le rendre plus sensible à ses intuitions et à certaines « images » des textes, mais cette « méthode » ne peut s'appliquer systématiquement comme d'autres – le cas opposé étant illustré par le schéma de Propp. Ce sera d'ailleurs, comme nous l'avons déjà pointé, une des caractéristiques de cette « école » thématique.

La « nouvelle critique »

Plusieurs critiques, dont le Belge Georges Poulet (1902-1991), vont se présenter sous une appellation qui suscita, bien entendu, des réactions : la « nouvelle critique », ainsi nommée par Raymond Picard pour attaquer Roland Barthes (1915-1980) qui, dans cette nouvelle querelle des « Anciens et des Modernes » jouera malgré lui le rôle de chef de file. Regroupés autour de Jean Starobinski (1920), on les appellera aussi « l'école de Genève ». En plus des deux cités, on retrouve ici Marcel Raymond (1897-1981), Jean Rousset (1910), Albert Béguin (1901-1957), ainsi que des écrivains et des artistes comme Jouve, Bonnefoy, Butor ou Giacometti, et on peut rattacher à cette « nouvelle critique » d'autres noms, comme Jean-Pierre Richard (1922) ou Serge Doubrovsky (1928), d'ailleurs présents dans le volume dirigé par Poulet et publié en 1968 : *Les chemins actuels de la critique*.

On retrouve de nombreuses influences dans cette approche qui se veut « nouvelle » contre une tendance de la critique jugée « ancienne », incarnée par des critiques universitaires tels Raymond Picard. Elle se nourrit à la phénoménologie, à Bachelard, mais aussi à l'impressionnisme autant qu'aux techniques les plus modernes, comme la sociologie, la psychanalyse ou le structuralisme.

Il est évident, à considérer ces travaux – particulièrement l'essai de Barthes sur Racine – que cette approche prête le flan à la critique rationaliste et universitaire : comme les impressionnistes avant elle, elle est plus intuitive que fondée sur des faits démontrables, et elle a tendance à imposer un point de vue éminemment subjectif sous couvert, parfois, de jargon pseudo-scientifique (surtout chez Barthes). Pourtant, ce serait une erreur de rejeter en bloc cette approche qui, si elle ne peut se réduire à un système, a permis à des critiques de grande qualité d'apporter des approches nouvelles non seulement sur tel ou tel auteur, mais aussi sur la perception que l'on a de la littérature.

Il ne s'agit plus de faire une critique érudite, pas plus qu'une critique qui étudierait seulement le texte sous le point de vue formaliste d'un jeu de structures linguistiques. Pour ces critiques, la littérature est une représentation et une recréation du monde, et l'œuvre est le signe de l'engagement et le témoignage d'un auteur.

Par la lecture du texte et par cette seule lecture, ils entendent remonter aux intentions fondamentales de l'auteur, non pour « expliquer » l'auteur, mais pour rendre tangible cette réalité, qui semble insaisissable, du moment de la création :

> Le texte lui-même est réduit à l'incarnation de la conscience de l'auteur : tous ses aspects stylistiques et sémantiques sont pris comme éléments organiques d'une totalité complexe dont l'essence unifiante est l'esprit de l'auteur. Pour connaître cet esprit, nous n'avons pas à nous référer à ce que nous savons de l'auteur – le biographique est banni – mais uniquement aux aspects de sa conscience qui se manifestent dans l'œuvre elle-même. Qui plus est, nous sommes concernés par les « structures profondes » de cet esprit qui peuvent être détectées dans les termes récurrents et les modèles de l'imaginaire ; et, en les appréhendant, nous appréhendons la façon dont l'écrivain « vivait » son monde, les relations phénoménologiques entre lui en tant que sujet et le monde en tant qu'objet. [...] Pour atteindre ces structures transcendantales, pour pénétrer à l'intérieur même de la conscience de l'auteur, la théorie phénoménologique [...] doit se débarrasser de toutes ses préférences, se plonger dans le « monde » de l'œuvre avec empathie, et reproduire aussi exactement et impartialement que possible ce qui s'y trouve. [...] Il s'agit, autrement dit, d'un mode d'analyse dont la critique et l'évaluation sont totalement absentes. [...] il s'agit uniquement de la réception passive du texte, d'une simple transcription de ses essences mentales. [...] C'est une théorie idéaliste, essentialiste, antihistorique, formaliste et organiciste, une forme de distillation des tâches aveugles, des préjugés et des limites de la théorie littéraire moderne. Le plus remarquable et le plus impressionnant est qu'elle est parvenue à produire certaines études théoriques extraordinairement pénétrantes [1].

Ainsi, par exemple, Georges Poulet va concentrer ses travaux sur la notion du temps. Il recherche le moment spécifique où la cristallisation d'éléments divers et d'imaginaire s'opère chez un auteur pour donner naissance à une œuvre. Toute littérature, pour Poulet, est une représentation du temps ; elle sert à rendre cette expérience intime qui, en même temps, crée le texte.

La nouvelle critique sera également sensible à un critère particulier d'évaluation de la valeur d'une œuvre : la sincérité, ou l'au-

---

1. Terry EAGLETON, *Critique...*, p. 59-60.

thenticité. Certes, leur approche est subjective et partiale, mais elle cherche également à juger des intentions et des résultats de l'écrivain. Son œuvre est-elle authentique, la vision du monde qu'il propose est-elle cohérente ? Autrement dit, à leurs yeux, la littérature doit répondre à des questions existentielles propres à l'époque dans laquelle elle s'inscrit. Les mérites strictement littéraires ne comptent pas autant que cet engagement-là.

Cependant, engagement ne veut pas dire militantisme ; le non-engagement est aussi l'expression d'une vision du monde. Dès lors, même l'Art pour l'Art aura sa place dans ce discours critique, pour autant que cela corresponde aux intentions de l'auteur, qu'une fois encore, il y ait dans ce projet cohérence et authenticité.

Le critique, en retour, subit la même évaluation : lui aussi est inscrit dans le monde, engagé, appelé à témoigner.

On retrouve donc bien ici les aspects de la critique impressionniste et créatrice du siècle précédent et du début de celui-ci, avec les apports, originalement synthétisés, de méthodologies qui, elles, sont totalement rationnelles, cartésiennes, scientifiques.

D'un autre point de vue, ce courant témoigne des particularités de la seconde moitié de ce siècle, à savoir le refus des écoles, des mouvements trop organisés, des systèmes, une inspiration à l'individualisme contre laquelle s'élevaient déjà les tenants de la critique universitaire du siècle précédent ; à la parole singulière de l'auteur, vient s'ajouter, comme en écho, celle du critique, tout aussi individuelle, le tout créant une voix particulière qu'un lecteur pourra ou non entendre.

Autre caractéristique : le centrement sur l'homme, sur l'être humain. L'écriture est perçue par ces critiques comme un acte particulièrement riche de significations sur l'être et l'existence, qui permet de mieux se connaître soi – auteur et lecteur –, mais aussi de se créer. La littérature devient donc un acte vital sur lequel se grefferont des questions souvent tragiques – la mort et le suicide, par exemple – mais aussi toutes les questions des rapports humains – les relations familiales, l'amour… Certains pousseront plus loin encore ce point de vue critique qui veut que la littérature est davantage un moyen qu'un objet d'études.

● René Girard (1923)

René Girard a débuté par la critique littéraire pour arriver à l'anthropologie ; peut-on mieux décrire les conséquences de ce point de vue ? Dans ses différents essais – *Mensonge romantique et vérité romanesque* (1961), *La violence et le sacré* (1972), *Critique dans un souterrain* (1976), *Des choses cachées depuis la création du monde* (1978)... – René Girard refuse de s'en tenir au texte seul. Se fondant sur un corpus vaste, de surcroît international et couvrant la littérature depuis la Bible jusqu'à Camus, il décèle, grâce à la littérature et aux personnages de fiction, des identités profondes et ce qu'il considère comme des éléments fondamentaux de l'humain. C'est en quelque sorte le travail de Propp, mais qui, au lieu de mettre à jour des structures, trouverait du sens.

L'ensemble de ses essais met en exergue deux moteurs essentiels de l'agir humain : le désir triangulaire ou désir mimétique – dans *Mensonge romantique...* – qui veut que l'on ne désire une chose ou un être que si un autre le désire. Ce mimétisme mène à l'indifférenciation. Pour en sortir, il faut un interdit et un bouc émissaire – thèse qu'il développe à partir de *La violence et le sacré*. Girard poursuit naturellement son cheminement jusqu'à la religion et à une relecture de la Bible – *Des choses cachées...*

Les travaux de René Girard sont d'un intérêt indéniable, mais posent néanmoins des questions. D'abord – mais ceci est assez conforme aux critiques thématiques – il n'est guère intéressant d'appliquer son « système » à d'autres œuvres. Non que ce ne soit pas possible ; contrairement à d'autres critiques de cette mouvance, il propose une « clé » de lecture qui peut fonctionner sur d'autres textes, puisqu'il aboutit à des vérités « universelles ». Mais l'intérêt de cette recherche est limité à une confirmation ou à une infirmation des conclusions de René Girard.

De surcroît, il crée, artificiellement pensons-nous, une différence foncière entre son approche et celle de la psychanalyse ; pourtant, le principe mimétique est clairement établi dès Freud, et ce que Girard apporte de neuf sur Œdipe peut se comparer, dans la démarche, aux travaux de psychanalystes contemporains, non par leurs conclusions, du moins par leur remise en cause ou leur approfondissement des théories freudiennes.

En outre, Girard ne justifie pas le choix de ses textes, et les puise dans toutes les cultures – dans le temps et l'espace – sans jamais se soucier de ce qu'une langue, une époque et une culture pourraient avoir de spécifique par rapport aux questions qu'il traite. Les textes qu'il choisit existent indépendamment de tout contexte ; ils nous parlent, d'un lieu et d'un temps indéterminés et indéterminables, tous de l'être humain éternel et immuable.

Enfin, Girard confond les romans qu'il choisit avec toute la littérature, ce qui lui permet entre autres d'affirmer : « Toutes les conclusions romanesques sont des conversions. Personne ne peut en douter [1] », faisant par là une erreur que la logique condamne pourtant, en tirant une conclusion générale à partir d'une prémisse particulière : les romans choisis ont une conclusion-conversion, donc tous les romans en ont une. Un autre raisonnement est ici sous-entendu, qui est une conversion logique aussi peu valide : si un texte n'a pas de conclusion-conversion, il ne s'agit pas d'un roman. Mine de rien, ce type de raisonnement est très courant, surtout dans la définition générique ; ainsi, nombreux sont ceux qui considèrent que la chute est le trait déterminant de la nouvelle. Dès lors, tout texte dénué de chute ne pourrait être considéré comme une nouvelle – ce qui est absurde.

● Marthe Robert (1914)

Marthe Robert partage avec René Girard une adoration pour les grandes œuvres de la littérature. Son être fut formé par la lecture de certaines d'entre elles, et tout particulièrement celle de Kafka, à qui elle a consacré de très nombreuses et remarquables études et traductions.

Cependant, elle portera l'essentiel de sa réflexion non sur l'étude de tel ou tel écrivain, mais sur l'écriture et la fiction, dans une perspective qui, contrairement à Girard, s'affirme volontairement comme freudienne. C'est plus particulièrement à partir du *Roman familial des névrosés*, publié par Freud en 1909, qu'elle va fonder sa théorie de l'origine du roman – *Roman des origines et origines du*

1. René Girard, *Mensonge romantique et vérité romanesque*, p. 330.

roman (1972) – et affirmer qu'il n'y a que deux manières d'écrire un roman : celle du bâtard réaliste, ou celle de l'enfant trouvé.

Pour Marthe Robert, il est absurde de chercher à définir le genre du roman d'après le sujet ; ce n'est pas un critère de définition valable. Le principe de l'illusion réaliste n'est pas davantage suffisant et, de surcroît, n'est pas toujours vrai. Surgit alors un problème pour la critique, qui voudrait définir le roman objectivement, mais n'y parvient pas. Ce désir insatisfait entraîne la définition subjective d'un « bien » et d'un « mal » ; le théoricien devient souvent un censeur, et la critique, un jugement moral.

La question du vrai et du faux lui semble plus utile ; le roman suggère l'un ou l'autre. Il n'existerait que deux types de mensonges, misant tous deux sur la crédulité : soit le mensonge est voyant, soit il est caché (l'illusion). Dans cette perspective, l'utilisation du mot « roman » dans le langage courant est intéressante : « c'est du roman » ne signifie absolument pas la même chose que « c'est un roman ». De même, « faire un roman » peut signifier agir comme un héros, mais aussi mentir comme un auteur.

Robert arrive à ce que la psychanalyse peut apprendre sur la genèse du roman. Dans celui-ci, existe toujours le désir réel de changer la réalité. Soit l'auteur fait un roman pour raconter une histoire, et il change alors *ce qui* est, soit il le fait pour « se marier au-dessus de sa condition », et il change alors *ce qu'il* est. L'auteur est donc un intrigant mythomane, mais aussi quelqu'un qui aspire à la liberté, un rebelle combatif et subversif. Il est habité par une vocation à la fois sentimentale et sociale, la première servant la dernière.

Dans sa théorie sur le roman familial, Freud décrit le processus au cours duquel l'enfant va d'abord mettre en doute sa filiation naturelle, s'imaginant alors avoir été abandonné par des parents très puissants et très riches : c'est le stade de l'enfant trouvé. Ensuite, lorsque la découverte de la sexualité lui fera comprendre qu'il ne peut mettre en doute la maternité, le doute ne portera plus que sur le père, ce qui lui permettra au passage de faire de sa mère une femme adultère et donc, par la faute, d'assurer son pouvoir sur elle – c'est le stade du bâtard réaliste. Ainsi donc, il n'y a que deux façons d'écrire un roman, pour Marthe Robert : celle de l'enfant trouvé « qui, faute de connaissances et de moyens d'action, esquive le combat par la fuite ou la bouderie, et celle du bâtard réaliste qui seconde le monde tout en l'attaquant de front [1] ». Robert poursuit : tout bâtard réaliste fut d'abord un enfant trouvé, et tous deux furent un jour des rois dont seule la déchéance les plongea dans le roman.

On peut sans doute formuler les mêmes réserves vis-à-vis des théories de Marthe Robert que de celles de René Girard. Toutefois, il nous semble qu'elle va plus loin que René Girard et que, partant, les applications que l'on peut faire à partir de ses travaux seront plus nombreuses et plus riches, en situant sa réflexion non comme une recherche sur l'homme à partir des textes, mais comme une approche qui combine la théorie de la production – pourquoi un homme ou une femme écrit –, l'étude du texte – tel personnage agit-il en bâtard ou en enfant trouvé, question qui n'est pas sans intérêt d'une part dans la littérature du XIXe siècle, et tout particulièrement chez Maupassant où le thème de la bâtardise est omniprésent, d'autre part dans la littérature contemporaine où, à la suite des bouleversements suscités par la guerre, la question du père a revêtu des aspects nouveaux dont la littérature offre une mise en récit particulièrement intéressante à décrypter – et la théorie de la réception – pourquoi un lecteur ou un groupe de lecteurs est-il davantage porté vers des récits de bâtard ou d'enfant trouvé.

● Maurice Blanchot (1907) et Georges Bataille (1897-1962)

Proche de ces approches critiques et éloigné à la fois, Blanchot est certainement la figure la plus complexe qui plonge ses racines dans la phénoménologie pour s'ouvrir au structuralisme et, surtout, à une conscience personnelle d'une profondeur « inquiétante ». Écrivain et critique, Blanchot n'a cessé de s'interroger sur le mystère de l'écriture, au travers de textes qui ne se construisent que pour mieux se détruire, dans un (faux) pas de deux constant avec la mort – *Faux pas* (1943), *L'espace littéraire* (1955), *Le livre à venir* (1959), *L'entretien infini* (1969), *L'amitié* (1971), *L'écriture du désastre*

1. Marthe Robert, *Roman des origines et origines du roman*, p. 74.

(1980). Par l'écriture d'une œuvre où le romanesque finit par rejoindre la critique, Blanchot ne cesse de s'interroger sur l'essence même de l'existence. L'écriture apparaît alors comme la « nuit » – dans une vision proche d'Hölderlin – de la vie, comme une contestation permanente et absolue, vécue dans la solitude, contestation qui vise aussi le langage, ce qui se traduit dans l'œuvre de Blanchot par un dépouillement sans cesse plus marqué, une recherche du « neutre ». Cette expérience solitaire mène toutefois à la découverte de l'autre, « l'inconnu radical », dans une perspective fortement influencée par la pensée juive et plus particulièrement celle de Lévinas.

Il est plus difficile encore de résumer l'œuvre et la pensée de Georges Bataille, qui connut et fréquenta tous les courants du siècle sans jamais laisser réduire sa personnalité à l'un ou l'autre. Sa pensée se focalise autour de *L'expérience intérieure*, comme il intitule son essai publié en 1943. Expérimenter, en ce sens, c'est épuiser le possible, mêler jouissance et souffrance dans les excès les plus variés.

Il fait lui aussi l'expérience de la nuit, comme Blanchot, une nuit sans transcendance dans laquelle l'homme cherche à s'épuiser par différentes « catégories » comme le rire, l'excès, la fêlure, l'érotisme, la jouissance, la mort, la transgression... Tout être est éclaté, parce qu'il y a en lui un excès de puissance qui cherche sans cesse à s'échapper par ces « catégories ».

Comment – et pourquoi – lire Bataille – duquel il faut encore citer *La part maudite* (1949), *La littérature et le mal* (1957), *L'érotisme* (1957) – et Blanchot ? Celui qui y cherchera une méthode sera déçu, plus encore qu'avec avec Girard et Robert. Il n'est même pas ici question de chercher à vérifier si « ça » marche ou pas sur d'autres textes. On lit Blanchot ou Bataille d'abord et avant tout pour eux-mêmes, comme une œuvre littéraire à part entière ; pour en savoir plus aussi sur l'écriture et la littérature, sachant qu'il s'agira ici d'une vision particulièrement exigeante et absolue ; peut-être, enfin, pour en apprendre sur soi...

PSYCHANALYSE ET PSYCHOCRITIQUE

Les critiques que nous envisagerons ici ne viennent pas, chronologiquement, après le poststructuralisme. La période couverte va, en fait, de la fin du XIXe siècle, avec Freud, jusqu'à aujourd'hui. C'est bien le propre de la critique au XXe siècle, d'avoir connu des développements non pas seulement successifs, mais aussi parallèles. On constatera néanmoins que les développements les plus récents de la psychanalyse appliquée à la littérature, avec Lacan ou Felman, entretiennent des rapports étroits avec l'approche déconstructionniste.

Quand Bettelheim déclare : « La psychanalyse est tout simplement inapte à expliquer la créativité [1] », il se situe bien dans la ligne de Freud, qui écrivait : « l'analyse ne peut malheureusement que déposer les armes devant le problème du créateur littéraire [2] ». Pourtant, derrière cette déclaration de principe nette et tranchée, la réalité n'est pas aussi évidente. En effet, il apparaît clairement, à qui se penche sur ce problème, que la psychanalyse, la littérature et la critique littéraire ont des liens communs importants, pour ne pas dire essentiels, et qu'ils s'interpénètrent plus souvent qu'il ne semble. Ainsi, et quoi qu'il s'en défende, René Girard reprend à la psychanalyse son concept de « désir triangulaire », Pierre-Jean Jouve, Moravia et d'autres écrivent des romans dont l'objectif avoué est de mettre en jeu un processus psychanalytique, et, quoiqu'il s'en plaigne, Freud imprègne de littérature ses textes et sa théorie.

Bien entendu, la psychanalyse ne peut ni ne veut prétendre « expliquer la créativité » ; mais quelle science, quel mode de pensée en serait capable ? Pour autant, rien n'indique qu'elle ne puisse apporter sur cette question un éclairage intéressant et original.

D'ailleurs, ceux-là mêmes qui se défendent d'adapter la psychanalyse à la littérature ne croient guère en leur déclaration. Freud écrit la phrase citée ci-dessus en débutant une étude sur Dostoïevski, et nombre de ses textes sont de véritables morceaux de

1. Bruno BETTELHEIM, *Survivre*, p. 508.
2. Sigmund FREUD, *Dostoïevski et le parricide*, préface à DOSTOIEVSKI, *Les frères Karamazov I*, p. 9.

- Marcus, personne désintéressé qui rêve de son film sur fond de société en ruine dans Le Petit Rameur reparaît dans La Fabrique de cérémonies, dans le même manque d'enthousiasme dans La Fabrique de cérémonies sous le nom de Elawolé (James Ata Marcus Sila) (167).

D'autre part, le Bar., lieu de défoulement du petit peuple est aussi une constante : Le Bar Prima (Indépendance cha-cha) ; Le Bar M dans La Polka ; le Bar dans La Fabrique de cérémonies

La violence se manifeste, du point de vue esthétique essentiellement au niveau de ce refus systématique du «singulier abusif»[1] qui, selon Christophe Hanna, conduit à une vision fausse du monde. L'écriture d'Efoui est un lieu de tensions entre les différentes unités du monde référentiel dans une poétique qui emprunte aussi bien au postmodernisme qu'à la dramaturgie. Il s'agit d'une écriture de la transe et de stances où les jaillissements de sens, de modèles discursifs, d'expériences sémiotiques du monde s'inscrivent dans un mouvement mécanique de la pensée et de l'inspiration créatrice. En un sens, l'acte d'écrire semble répondre, chez Kossi Efoui, à un besoin d'autopsie sur un corps vivant : le corps social, humain

---

[1] Christophe Hanna, «des collages comme tactiques critiques», introduction à Olivier Quintyn, Dispositif/Dispositions, Marseille, Al Dante-Transbordeurs, 2007, p. 8.

littérature ; Bettelheim n'hésite pas à rédiger une *Psychanalyse des contes de fées* ; Lacan s'intéresse à Hamlet, à Poe et à bien d'autres.

Ces remarques protègent toutefois de ceux qui voudraient trop hâtivement coucher le texte sur le divan, et leur auteur en même temps. Il y a, entre la démarche analytique et celle de la critique littéraire, des différences fondamentales. En effet, l'analyse se fait oralement, et le discours de l'analysant se construit séance après séance, sans structure ni plan préétabli – alors que la littérature se joue sur le mode écrit, et que le texte préexiste à la critique. L'analyste se tait, et n'est là que pour aider l'analysant à développer son analyse ; le critique littéraire « parle » – ou plutôt écrit – sans qu'il y ait de véritable communication avec le texte (ni avec l'auteur) ; le texte écrit est « livré » d'un coup, global, intouchable, alors que l'analyse fluctue sans cesse.

Pour schématiser, on peut dire que, dans les deux cas, il y a trois éléments, qui reprennent d'ailleurs une partie du schéma de Jakobson : un discours – écrit ou oral –, celui qui le profère – écrivain ou analysant –, celui qui l'écoute – critique littéraire ou analyste. Ce qui change, ce sont les rapports entre ces trois éléments : entre les deux personnes au travers ou autour du discours, et entre chacune des personnes et ce discours.

Théoriquement et pratiquement, on peut dire qu'à de rares exceptions près, le critique littéraire et l'écrivain ne communiquent pas fondamentalement, alors que l'analyste et l'analysant interagissent continuellement l'un sur l'autre. De plus, contrairement à la littérature où un auteur publie dans l'espoir de toucher le plus grand nombre possible de lecteurs, l'analyse est un huis clos entre deux personnes dont l'une – le destinataire – a été choisie par la première. Un auteur peut avoir une profonde influence sur le lecteur attentif, et parfois même réciproquement ; mais cette influence s'exerce toujours *a posteriori* – de même que l'écriture d'un roman aura peut-être une importance capitale dans la vie d'un écrivain. Quand on lit le texte, on peut faire abstraction de celui qui l'a écrit – ce qui n'est pas possible dans le cas d'une analyse.

On peut tenter d'illustrer cette différence de relation par le schéma suivant :

• ***psychanalyse***

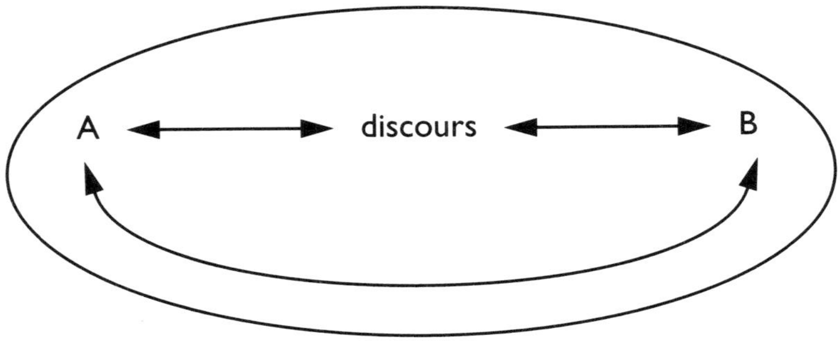

• ***littérature***

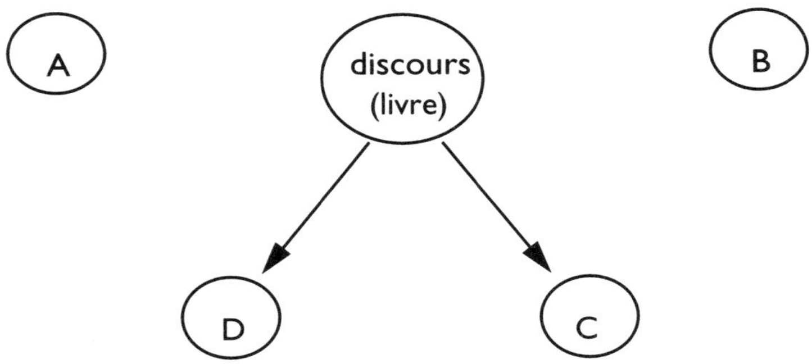

> C'est par l'écriture toujours qu'on pénètre le mieux les gens. La parole éblouit et trompe, parce qu'elle est mimée par le visage, parce qu'on la voit sortir des lèvres, et que les lèvres plaisent et que les yeux séduisent. Mais les mots noirs sur le papier blanc, c'est l'âme toute nue [1].

N'est-ce pas d'ailleurs la raison pour laquelle l'analyste et l'analysant, théoriquement, ne se font pas face ? Pourtant, affirmer que le texte écrit, « c'est l'âme toute nue » est peut-être un peu rapide. En effet, on pourrait considérer que le texte qui se prêterait le mieux à la psychanalyse serait le premier jet, le brouillon et ses ratures. Le

1. Guy de MAUPASSANT, *Notre cœur*, p. 1118.

texte fini et publié est un langage particulièrement soigné, contrôlé et travaillé, aux antipodes de l'association libre – apparemment. À première vue, il nécessiterait un travail de décodage, et c'est sans doute ce qui dérange la psychanalyse, puisque le texte la force ainsi à prendre la parole, non seulement à propos d'un discours qui lui échappera toujours, mais aussi à son propre sujet.

Jusqu'à une période récente, la psychanalyse a refusé de toucher à la littérature, alors que la critique littéraire ne voulait pas se servir de la psychanalyse. Au-delà de ces déclarations, la réalité des choses est plus complexe et moins tranchée.

▲ Freud et la littérature

Dans son essai rédigé en 1908 sur « Le créateur littéraire et la fantaisie », Freud se plonge hardiment dans cet épineux problème de la création littéraire. Il établit rapidement un lien entre les fantasmes, les rêves diurnes et la création littéraire. Les rêves diurnes, les fantasmes où le moi est un héros réussissant tout de façon extraordinaire, Freud en retrouve la trace dans un type de littérature que l'on qualifierait aujourd'hui de « happy ending », voire de littérature de gare. Par ailleurs, il prétend que, dans les romans psychologiques, un seul personnage y est décrit en détail et de l'intérieur, le héros ; à son avis, les autres personnages ne seraient dès lors que des projections d'un moi scindé. Ses réflexions sur la fantaisie – qu'il faut aussi comprendre comme « fantasme » – l'amènent à formuler la question ainsi :

> […] une expérience actuelle intense réveille chez l'écrivain le souvenir d'une expérience antérieure, appartenant la plupart du temps à l'enfance, dont émane maintenant le désir qui se crée son accomplissement dans l'œuvre littéraire ; l'œuvre littéraire elle-même permet de reconnaître aussi bien des éléments de l'occasion récente que des éléments du souvenir ancien [1].

Outre l'intérêt évident qu'une telle approche aurait pour la lecture de Proust ou d'autres, on voit que Freud, en parfaite logique

---

1. Sigmund Freud, « Le créateur littéraire et la fantaisie », dans *L'inquiétante étrangeté, et autres essais*, p. 44.

avec sa conception du roman psychologique, semble prôner un type de critique littéraire largement fondée sur les apports biographiques. C'est ce qu'il fera à quelques occasions – Dostoïevski, Kafka, Meyer... – sauf quand il quitte le champ strict de la littérature pour pénétrer dans celui du mythe – Œdipe et même Hamlet.

La contradiction entre ce texte et la phrase ouvrant *Dostoïevski et le parricide* est intimement liée au malaise que Freud a toujours ressenti par rapport à la chose écrite et qui tient au fait que ses propres recherches scientifiques se formulaient suivant ce mode. C'est, comme le décrit Jean-Michel Rey :

> [...] qu'aucun texte dit « théorique » puisse être homogène et linéaire et, conséquemment, de suite transparent pour son auteur ; que l'après-coup fait nécessairement partie intégrante de toute pratique scripturale et que cet après-coup provoque sans cesse le report du moment de la compréhension, de l'interprétation, en fait le moment de la conclusion lui-même – Freud fut obligé de prendre en considération précisément ces découvertes empiriques et latérales, qui désignent le développement de sa progression théorique, certes non sans détours [1].

La psychanalyse porte bel et bien en son sein, en son mode de développement théorique, les mêmes sources de malaise – et de richesse – que la littérature. Et Jean-Michel Rey note l'importance que celle-ci occupait aux yeux des premiers psychanalystes, membres de la Société viennoise de psychanalyse.

Dès le départ donc, la littérature, et particulièrement la poésie, représente un objet fascinant pour le psychanalyste, qui à la fois l'attire et l'effraie, parce qu'il opère un effet de miroir sur les propres malaises et contradictions de la réflexion psychanalytique. Devant cet objet à la fois sur- et sous-déterminé, la psychanalyse en général et Freud en particulier ne cesseront de se sentir mal à l'aise.

Jean-Michel Rey note qu'une raison majeure de cette difficulté tient au fait que Freud lui-même était un écrivain, même si cet état lui posa toujours problème. Dans une lettre à Fliess, datée du 11 novembre 1899, il se plaint des difficultés qu'il a éprouvées lors

1. Jean-Michel REY, « Freud's Writing on Writing », in *Literature and Psychoanalysis, the Question of Reading : Otherwise*, p. 302. Je traduis.

de la rédaction de *La science des rêves*, malaise stylistique l'empêchant de trouver le style le plus apte à formuler ce qu'il pensait sans devoir continuellement recourir à des périphrases. Rey, dans des termes très lacaniens, formule parfaitement ce mal d'écrire :

> Où je sais, je n'écris pas ; où j'écris, je ne peux savoir qu'après-coup, comme placé dans un contexte différent. Ce qui est écrit peut donc revêtir la valeur durable d'un symptôme [1].

Ce qui est au cœur de ce malaise psychanalytique est ce qui fonde le geste de l'écriture – Freud notait avec raison le lien avec le fantasme : l'auteur écrit non seulement ce qu'il ne sait pas – encore –, mais aussi ce qu'il n'est pas – encore ; or, le désir de Freud est de savoir, de comprendre, d'expliquer.

On peut comprendre toute la démarche freudienne menant à la création de la psychanalyse comme le désir, chez Freud, de fonder une nouvelle Loi, en remplacement de la Loi mosaïque jugée dépassée, castratrice et aliénante. Quel trouble compréhensible alors que de vouloir appliquer un système d'explication à quelque chose qui fuit toute explication définitive, et ce par le moyen même de cet objet d'analyse – l'écriture... Freud écrit que l'écriture ne peut savoir ce qu'elle écrit, ni pourquoi. À la genèse de la psychanalyse, se trouve déjà présent ce que Lacan théorisera plus tard : l'objet *a*, ce manque inextinguible, ce reste dans l'écriture qui ne se laissera jamais nommer ou dominer – et certainement pas par l'écriture. Il y a trop de manques, de points de fuite dans un texte que l'on tente de saisir par l'analyse : parce que deux personnes sont en jeu, chacune avec son psychisme, parce que le mouvement même de l'écriture est fuyant et parce que chaque texte et chaque écrivain s'inscrivent dans une culture, une histoire et une tradition spécifiques.

Freud se voit obligé de constater que le texte écrit ne se lit pas de la même façon qu'un rêve, qu'un comportement ou qu'un fantasme. Il y a *quelque chose*, qui tient à son essence et qui échappera toujours à l'analyse. Le malaise, pour Freud, est d'autant plus grand qu'une part capitale de sa théorie repose sur un texte, sur une fiction : *Œdipe roi*. C'est donc la littérature qui a permis à la psychanalyse freudienne de former ses outils majeurs, sans que ces ou-

---

1. *Ibid.*, p. 305. Je traduis.

tils puissent, à leur tour, s'appliquer parfaitement à la littérature. Il y a donc une dette de la psychanalyse à l'égard de la littérature : le complexe d'Œdipe et la tragédie grecque ; l'acte manqué et *La lettre volée* de Poe ; le père mort, la Loi et *Hamlet*... Il est, dès lors, évident qu'une réflexion sur la littérature et sur l'écriture au sein du discours et de la pratique psychanalytiques ne peut être dissociée d'une réflexion sur ce discours et cette pratique.

Ceci est certainement vrai quand on se penche sur l'œuvre de Freud. Comme l'écrit Marie Moscovici dans sa préface à *L'homme Moïse* : « On pourra s'en plaindre, mais il en est ainsi dans la démarche de Freud : chaque texte lit et contient d'autres textes, et est lu par eux [1] ». Elle remarque judicieusement que ce livre, qui traite du meurtre du père, accomplit ce meurtre « sous la forme atténuée d'un texte [2] ». Michel de Certeau se penche plus encore sur les rapports complexes existant entre Freud et la littérature. Il définit tout d'abord cette dernière :

> [...] la littérature est le discours théorique des procès historiques. Elle crée le non-lieu où les opérations effectives d'une société accèdent à une formalisation. Bien loin d'envisager la littérature comme « l'expression » d'un référentiel, il faudrait y reconnaître l'analogue de ce que les mathématiques ont longtemps été pour les sciences exactes : un discours « logique » de l'histoire, la « fiction » qui la rend pensable [3].

Freud, régulièrement, en appelle aux écrivains et particulièrement aux romanciers qui ont « toujours précédé l'homme de science » [4]. Cet attachement lui vient de celui qu'il porte à sa Terre maternelle, la Palestine, qui selon ses dires n'a finalement créé que des fictions.

> Le discours freudien, en effet, c'est la fiction qui fait retour dans le sérieux scientifique, non seulement en tant qu'elle est l'objet de l'analyse, mais en tant qu'elle en est la forme [...] Aussi bien, comme le remarquait Lacan, [Freud] est-il l'un des seuls auteurs con-

1. Marie MOSCOVICI, préface à Sigmund FREUD, *L'homme Moïse et la religion monothéiste : trois essais*, p. 17.
2. *Ibid.*, p. 35.
3. Michel de CERTEAU, *Histoire et psychanalyse entre science et fiction*, p. 119.
4. Sigmund FREUD, cité par Michel de Certeau, *ibid.*, p. 121.

> temporains qui aient été capables de créer des mythes, ce qui veut dire, pour le moins, des romans à fonction théorique [1].

Ainsi, le roman freudien contient à la fois les symptômes de la maladie et l'histoire de la souffrance. Dans le roman psychanalytique, traduction de l'expérience de la cure, l'analyste est marqué par le récit du malade qui lui rappelle sa propre expérience. Les conclusions que Certeau en dégage sont essentielles à la fois pour la psychanalyse et pour la critique littéraire :

> [...] la conception que Freud se fait de son écriture apprend à lire d'autres documents. Elle permet d'envisager n'importe quel récit comme un rapport entre une structure et des événements, c'est-à-dire entre un système (explicite ou non) et ce qui s'y trace d'autre. Dans ce cas, l'œuvre littéraire n'est pas réductible au « sérieux » d'un modèle structural imposé par une scientificité. On ne saurait non plus l'effriter en ces événements de lecture (affects ou réminiscences) que multiplie indéfiniment la fantaisie ou l'érudition. Elle apparaîtra plutôt comme un sertissage d'altérations historiques dans un cadre formel. Il y a d'ailleurs chez Freud une continuité entre sa manière d'écouter un(e) malade, sa manière d'interpréter un document (littéraire ou non) et sa manière d'écrire. Entre les trois opérations, pas de coupure essentielle. Le « roman », au sens qui vient d'être précisé, peut caractériser à la fois les propos d'un(e) malade, une œuvre littéraire et le discours psychanalytique lui-même [2].

Il conclut en affirmant que l'apport essentiel de Freud à la culture occidentale fut peut-être de fonder « une théorie qui fait apparaître la littérature elle-même comme une logique différente [3] ».

À ce stade pourtant, demeurent encore bien des zones d'ombre. La psychanalyse se penchant sur la littérature interpelle trois types d'individus : le psychanalyste lui-même, le critique littéraire et l'écrivain. Une distinction semble émerger ici, qui devrait être approfondie : celle qui existe entre la littérature – et donc l'objet « livré », fini – et l'écriture – l'acte créateur, producteur.

---

1. Michel de CERTEAU, *op. cit.*, p. 122.
2. *Ibid.*, p. 124-125.
3. *Ibid.*, p. 135.

Ces différents points, Freud les laisse en suspens. Comme la question du père, celle de la littérature et/ou de l'écriture ne trouve pas de réponse satisfaisante aux premiers temps de la psychanalyse. Peut-être est-ce dû au fait que Freud est trop intimement impliqué dans l'écriture ? Serait-ce pour cette raison que Jacques Lacan a dispensé la majeure partie de son enseignement sous la forme orale, et a obscurci à souhait ses écrits ?

▲ LACAN ET LE LANGAGE

> En termes analytiques, la signification du rêve se dégage d'une dialectique du manifeste et du latent, chaque stade englobant les précédents en une synthèse plus vaste.
>
> Une même technique d'analyse est applicable à toutes les formations de l'inconscient. L'analyste y parvient grâce aux associations libres de l'analysé sur chaque élément discret du phénomène apparent.
>
> Remarquons d'ailleurs qu'une même herméneutique s'applique souvent quand il s'agit d'extraire la substance d'un poème [1].

Une telle affirmation, jointe à la description de l'ordre symbolique faite par Lacan, tendrait à prouver qu'une application à la littérature de ce que Lacan a dit du symbolique serait possible et il n'est, dès lors, pas inutile de synthétiser rapidement cette approche.

● LE SYMBOLIQUE CHEZ LACAN

Voyons d'abord ce qu'en dit le dictionnaire du « Vocabulaire de la psychanalyse » :

> ***Le symbolique désigne l'ordre de phénomènes auxquels la psychanalyse a affaire en tant qu'ils sont structurés comme un langage.*** [...] Entre la symbolique freudienne et le symbolique de Lacan, il y a une différence manifeste : Freud met l'accent sur le rapport unissant [...] le symbole à ce qu'il représente, alors que, pour Lacan, c'est la structure du système symbolique qui est première. [...] L'idée d'un ordre symbolique structurant la réalité interhumaine a été dégagée dans les sciences sociales notamment par Claude Lévi-Strauss sur le modèle de la linguistique structurale

1. Anika LEMAIRE, *Jacques Lacan*, p. 90.

> issue de l'enseignement de F. de Saussure. La thèse du Cours de linguistique générale (1955) est que le signifiant linguistique pris isolément n'a pas de lien interne avec le signifié ; il ne renvoie à une signification que parce qu'il est intégré à un système signifiant caractérisé par des oppositions différentielles.
>
> Lévi-Strauss étend et transpose les conceptions structuralistes à l'étude des faits culturels où ce n'est pas seulement la transmission de signes qui est à l'œuvre et il caractérise les structures envisagées par le terme de système symbolique : « Toute culture peut être considérée comme un ensemble de systèmes symboliques au premier rang desquels se placent le langage, les règles matrimoniales, les rapports économiques, l'art, la science, la religion ».
>
> L'utilisation par Lacan, en psychanalyse, de la notion de symbolique nous paraît répondre à deux intentions :
>
> a) Rapprocher la structure de l'inconscient de celle du langage et lui appliquer la méthode qui a prouvé sa fécondité en linguistique ;
> b) Montrer comment le sujet humain s'insère dans un ordre préétabli, lui-même de nature symbolique, au sens de Lévi-Strauss.
>
> [...] le terme est utilisé par Lacan dans deux directions différentes et complémentaires :
>
> a) Pour désigner une structure dont les éléments discrets fonctionnent comme des signifiants (modèle linguistique) ou plus généralement le registre auquel appartiennent de telles structures (l'ordre symbolique) ;
> b) Pour désigner la loi qui fonde cet ordre : c'est ainsi que Lacan, par le terme de père symbolique, ou de nom-du-père, envisage une instance qui n'est pas réductible aux avatars du père réel ou imaginaire et qui promulgue la loi [1].

Le symbolique est donc ce qui régit toutes les relations humaines « normales », c'est-à-dire sans psychose ou névrose :

> L'ordre symbolique [...] instaure des relations médiates entre les êtres, c'est-à-dire que la relation de l'homme à l'homme, du soi à l'autre est médiatisée par un symbole. Elle n'est pas immédiate, directe, sans intermédiaire.

---

1. Jean LAPLANCHE et Jean-Baptiste PONTALIS, *Vocabulaire de la psychanalyse*, p. 474-476.

> L'existence d'un médiateur est ce qui va permettre à chacun de se repérer dans sa subjectivité distincte. Dans une relation immédiate, au contraire, la distinction du soi et de l'autre n'est pas nette [1].

Ceci nous amène déjà une réflexion qui, comme le suggérait Lacan, nous replonge dans le judaïsme. Cette fonction médiate est directement liée à la Loi. Ce qui prend place entre les individus et permet leur coexistence au sein d'une société, c'est la loi. Ainsi, le code de la kashrout qui, dans le judaïsme, régit l'alimentation, promulgue un nombre énorme de lois et de règles permettant de distinguer ce qui est permis de ce qui ne l'est pas. À première vue, cette distinction peut sembler aberrante, surtout à une époque où l'hygiène a supprimé les risques inhérents à la consommation de certaines viandes. Le but essentiel de ce code n'est pas là : il est symbolique. Qu'est-ce qui sépare tel animal, comestible, de tel autre, prohibé ? Pas grand-chose : la forme d'un sabot, la présence d'écailles… Que veut dire, dès lors, la loi qui prétend les distinguer ? Elle tend à signifier que la limite entre le permis et l'interdit, entre le bien et le mal, est imperceptible, que l'on passe de l'un à l'autre sans s'en apercevoir, à moins de se référer à la loi. La loi, le symbolique est ce fil presque invisible et pourtant indispensable qui permet à chacun de dire qui et où il est, qui et où sont ceux qui l'entourent.

La relation immédiate est la relation duelle – l'être qui se voit dans la glace et ne sait pas qu'il s'agit d'un reflet –; pour passer à une relation médiate, il faut « un troisième terme qui, pour le langage, est le concept et pour la Société : l'Ancêtre, la Cause sacrée, le dieu, la loi [2] ». La relation immédiate ressort de l'imaginaire, comme nous le verrons. Dans l'ordre symbolique, « un terme peut être imaginaire » à moins « d'être une valeur différentielle corrélative d'autres termes qui le délimitent. C'est l'intelligence de ces corrélations latérales qui suspend l'imaginaire, parce qu'elle fonde le concept [3] ». L'ordre symbolique permet donc au sujet de se repérer et de distinguer l'intérieur de l'extérieur – soi/l'autre –, la subjecti-

---

1. Anika LEMAIRE, *Jacques Lacan*, p. 37-38.
2. *Ibid.*, p. 106.
3. *Ibid.*, p. 106-107.

vité de sa manifestation – soi, Je social/parole et comportement. C'est donc bien le symbolique qui rend inaccessible le réel :

> Mariage, Famille, stéréotypie des relations hétérosexuelles, Fidélité, etc. sont, au niveau symbolique, la cristallisation inévitablement réductrice et partiellement arbitraire de vécus biologiques et psychologiques infiniment variés à l'origine mais, désormais, inaccessibles comme tels. Car, d'une part, l'enfant vit son expérience vitale dans le creuset de la culture et selon les normes en vigueur et, d'autre part, le « Symbolique » le prend dans ses rets, à son insu, au point de court-circuiter toute tentative de retour naïf à ses racines.
>
> Il s'agit donc bel et bien d'un conditionnement [...] doublé de méconnaissance [1].

Cette fonction de l'ordre symbolique n'est pas seulement bénéfique :

> La tâche idéale de la symbolisation, prise au sens large, serait d'organiser au niveau qui est le sien toute la diversité des conditions humaines d'existence.
>
> Mais chaque type d'organisation sociale n'a pu, hélas, répondre à ces nécessités vitales que d'une manière partielle, accentuant certains éléments de la vie au détriment des autres, imposant donc toujours un certain refoulement, une certaine torsion à l'existence.
>
> C'est ainsi, par exemple, que nos sociétés occidentales patriarcales ont donné à ce qui du drame œdipien peut être dit universel, une forme particulière, dramatisée de surcroît qui induit les complexes de castration masculin et féminin que nous connaissons [2].

Ainsi donc, socialement parlant, l'accession, pour l'être, à la symbolisation représente son accession à la culture. De plus, si ce processus permet à l'individu de créer sa personnalité, cela ne se fait pas sans perte par rapport à lui-même, sans renoncement et soumission à un ordre symbolique sur lequel il ne peut agir. Il ne peut que s'y contraindre ou tomber malade. « Autrement dit, l'accès à l'ordre symbolique est simultané et indissolublement lié au refoulement originaire et ce dernier s'effectuerait [...] selon le processus formel de la métaphore [3] ».

---

1. *Ibid.*, p. 109.
2. *Ibid.*
3. *Ibid.*, p. 157.

Deux forces, ou plutôt une force double, instaurent le symbolique : l'Interdit et le Sacrifice. L'une est le pendant de l'autre, et l'interdit ne peut fonctionner sans le sacrifice ; en effet, il faut que l'individu consente à sacrifier ce qu'on lui interdit [1].

Le langage littéraire, particulièrement celui de la poésie, se rapprocherait donc de celui de l'inconscient. Mais Jacques Lacan s'est toujours opposé à une application de la psychanalyse à la littérature, bien qu'il débute ses *Écrits* par « Le séminaire sur « La lettre volée », preuve qu'il ne s'interdit pas de faire profiter la psychanalyse des apports de la littérature. Ainsi, voyant pourquoi Lacan a recouru à *Hamlet* pour développer sa théorie du phallus, François Regnault explique :

> Qu'importe de savoir si Shakespeare a pensé à tout cela. – En un sens, vous répondra-t-on ici, il n'a pas pensé (consciemment) *à* tout cela : il a pensé (inconsciemment) tout cela. – Mais tout cela, ce sont des fragments de la théorie psychanalytique. Une pièce de théâtre écrite à l'époque élisabéthaine servirait à faire avancer une théorie inventée au XXe siècle ? – Très exactement. On peut même dire par là que *c'est l'œuvre d'art qui s'applique à la psychanalyse* et non pas l'inverse [2].

En d'autres mots, Hamlet nous apprendrait quelque chose sur nous-mêmes, mais la psychanalyse ne nous apprendrait rien sur Hamlet. Lacan va plus loin : voir dans la technique d'un auteur les marques d'une névrose, c'est de la « goujaterie » ; chercher dans son œuvre les traces de son inconscient, c'est de la « sottise » :

> Il s'agit là somme toute d'une démarche analogue à celle qui consisterait à déduire les traits caractéristiques d'un acteur de ceux des personnages qu'il joue au théâtre [3].

Ginette Michaux précise encore :

---

1. Par la suite, Lacan dira que le symbolique préexiste à l'interdit qui est, lui, lié à l'Œdipe.

2. François REGNAULT, « Ces calembredaines des textes analytiques », dans *Lacan*, p. 180.

3. Ginette MICHAUX, « Introduction à l'orientation lacanienne », dans *Méthodes du texte : introduction aux études littéraires*, p. 278.

> C'est le transfert, à chaque fois particulier, qui règle l'interprétation : il n'y a pas d'interprétation qui vaille hors de la présence de l'analysant et de l'analyste et sans le repérage par l'analyste des places qu'il occupe dans le discours du patient. Un symptôme à l'état libre ne peut être traité, mais seulement dans l'état captif d'une adresse au psychanalyste. Imagine-t-on une psychanalyse par correspondance [1] ?

Puisqu'il n'y a pas de dialogue entre le texte et le lecteur, on ne peut lui adapter la technique psychanalytique. De même, l'erreur de la plupart des analystes est de vouloir fournir des explications – tant dans le cadre d'une cure analytique que d'une lecture psychanalysante –; or, il n'y a pas d'explications à fournir. Quelle que soit la compétence de l'analyste ou du critique littéraire appliquant la psychanalyse, le texte et son auteur en sauront toujours plus : « [Lacan] soutenait [...] que Joyce n'eût rien gagné à faire une psychanalyse, « y allant tout droit au mieux de ce qu'on peut attendre d'une psychanalyse à sa fin [2] ».

Pour autant, il ne faut pas croire que tout usage de la psychanalyse est impossible ou sans valeur :

> Qu'elle pense détenir la clé de la signification inconsciente de l'œuvre d'un écrivain ou, plus lucidement, qu'elle s'avoue une construction qui livre, avec l'étude de l'œuvre, une part du désir du critique et de ses positions théoriques, la psychanalyse appliquée à la littérature ne se trouve pas dans les conditions nécessaires pour dévoiler ou produire le noyau inconscient qui a présidé à une création. Les meilleures de ces lectures, par la rigueur de leur démarche, éclairent heureusement tel ou tel ouvrage. La psychanalyse devient dans ce cas un instrument culturel, au même titre que l'anthropologie, le structuralisme, la philosophie, l'esthétique, qui opère un découpage de sens, une réduction rationnelle, qui a sa valeur aux yeux de la critique littéraire. Elle apporte peu à la psychanalyse qui se réclame de Lacan, moins encore à l'auteur [3].

1. *Ibid.*
2. *Ibid.*, p. 280.
3. *Ibid.*, p. 279.

Mais si Lacan « interdit » l'application de la psychanalyse à la littérature, il s'en est servi autant que Freud, bien que dans un cadre précis :

> La littérature est instrumentalisée par un projet qui poursuit les questions mêmes que les écrivains de tous temps ont considérées être les leurs. Les œuvres littéraires, pense Lacan, sont des constructions elles-mêmes analytiques ; voila pourquoi la psychanalyse ne s'y applique pas [1].

Non qu'il n'y ait pas de traces de son inconscient dans les écrits d'un auteur ; mais ce qui intéresse le psychanalyste – par exemple Lacan se référant à *Hamlet* –, c'est la lecture conjointe d'une question qu'il mène avec le texte. Il y a donc interaction des deux :

> L'œuvre de l'écrivain et l'étude du psychanalyste se rencontrent en ce point où toutes les deux interrogent, d'une manière dissemblable, le tissu signifiant dans lequel est pris le destin de l'homme d'une part, et d'autre part cernent chacune ces nœuds d'impossible à dire dans l'expérience de l'être parlant, où cesse la langue. Littérature et psychanalyse croisent leurs discours et leurs écrits aux abords de ce trou de réel qu'elles bornent différemment. Il faut souhaiter que se maintiennent le dissemblable de leurs démarches et l'égalité de leurs positions à cet égard ! Si la psychanalyse rate la littérature, si elle échoue heureusement à en donner la clé, c'est de la même façon que l'une et l'autre ratent l'objet qui les cause et de ce ratage font un acte, esthétique ou théorique, autrement dit créent du nouveau [2].

On assiste bien, avec Lacan, à l'élaboration, par le biais de la littérature, « d'une psychanalyse théorique et non pas appliquée [3] ».

Si la psychanalyse, en tant que telle, n'a pas à s'appliquer à la littérature et si l'écrivain n'a pas besoin de la psychanalyse pour créer, Ginette Michaux note toutefois que le critique littéraire ne peut plus faire abstraction des données lacaniennes :

> [...] la psychanalyse d'orientation lacanienne, bien que ce ne soit pas son but premier, offre des concepts qui privilégient et logifient

---

1. *Ibid.*, p. 280.
2. *Ibid.*, p. 281.
3. *Ibid.*, p. 283.

> comme rarement auparavant les questions de style, toujours mises en avant par les poètes d'époques diverses. L'écrivain se passera sans doute des paradigmes ainsi forgés. Le théoricien de la littérature, qui fait de la lecture un métier, qui admire et interroge les œuvres d'art en même temps que les destins qu'elles illustrent, s'en passera moins [1].

La psychanalyse ne peut plus être ignorée dans la lecture, surtout celle des textes qui ont été lus par Freud ou Lacan. Elle ne peut être davantage ignorée tout à fait dans la création. En effet, depuis que Freud l'a mise au monde, elle a imprégné et modifié notre culture :

> Les auteurs comptent maintenant avec des interprètes informés de psychanalyse. Ils ne s'adressent plus au même lecteur qu'avant et avec l'adresse, change le style du discours. Ce n'est pas toujours un bienfait mais ça donne chance de nouveau.
>
> Méconnaître les transformations que la psychanalyse a apportées à la littérature, c'est se condamner à ne pas comprendre de nombreux textes du vingtième siècle [2].

La psychanalyse, pas plus qu'autre chose, n'a fait de notre époque ce qu'elle est. C'est l'évolution de la pensée et de l'histoire qui a suscité l'émergence de la psychanalyse. C'est l'oubli d'un type de discours – chez Freud, il s'agit très clairement du discours midrashique – qui a nécessité sa « réinvention », sa redécouverte sous une autre forme. Cette forme, Freud la lui a donnée et, partant, une certaine direction, ses richesses et ses imperfections. D'autres sont venus la modifier, la peaufiner. On ne peut mettre de côté ici les événements sans précédent qui ont marqué ce siècle. Les auteurs, les analystes et les critiques qui sont imbriqués dans leur temps ne peuvent pas ne pas se poser les questions de notre siècle : celles de la souffrance, de l'absence ou du silence de Dieu, du père, du désir. Toutes les sciences humaines participent de cette interrogation, de cette angoisse, auxquelles les sciences exactes tentent de substituer leur apaisante réponse du progrès.

---

1. *Ibid.*, p. 283-284.
2. *Ibid.*, p. 285.

On le voit, l'apport de Lacan en la question est essentiel, qui permet de situer le problème dans une perspective globale des sciences humaines. Si la porte s'entrouvre pour une utilisation de la psychanalyse en critique littéraire, reste encore à en définir les prudentes modalités.

▲ Charles Mauron et la psychocritique

La théorie de Mauron et sa mise en pratique ne constituent certainement pas une avancée par rapport à ce que Lacan a développé. Cependant, puisque la psychocritique jouit d'une certaine réputation et d'un usage relatif dans le monde de la critique littéraire, il est nécessaire de s'y attarder un moment.

> Au lieu de se réfugier derrière de fausses cloisons, la critique littéraire devrait s'intéresser au fait que le premier geste du poète – la plongée vers le passé, l'enfance, le moi profond, avec ses bonheurs et ses angoisses – est précisément celui que l'analyse impose, avec la règle fondamentale : s'accepter [...] La situation analytique, comme la situation poétique et par les mêmes moyens très simples [...] induit à l'introversion régressive [1].

Mauron joue donc sur le champ de l'analogie entre la cure analytique et la création pour autoriser la critique littéraire à recourir à la psychanalyse. Ainsi, la collaboration, dans l'analyse, entre l'analyste et l'analysant débouche sur une vie de relations humaines sans angoisse (d'après Mauron) ; dans la création, la collaboration se joue entre le moi social, conscient, et le moi profond, créateur, pour donner naissance à l'œuvre d'art. L'art est donc « une sorte d'auto-analyse [2] » – ce qui est déjà méconnaître une particularité essentielle de l'analyse, à savoir que l'analysant ne peut mener et développer son discours, et donc son analyse, que parce que sa parole s'adresse à l'autre, à l'analyste.

Pour Mauron, non seulement le moi créateur essaie de retrouver les images et le vécu de son enfance, mais il subit encore l'action

1. Charles Mauron, *Des métaphores obsédantes au mythe personnel*, p. 236.
2. *Ibid.*, p. 237.

du moi social. De plus, développer un tel moi créateur correspond presque, pour un individu, à une anormalité :

> L'apparition et surtout le développement d'un moi créateur, absorbant une part importante de l'énergie, classent l'individu dans une variété humaine distincte, pour qui la cohérence interne et l'équilibre avec le milieu vont susciter d'autres problèmes [1].

Ainsi, la psychocritique penche résolument pour une critique littéraire largement biographique – pour ne pas dire anecdotique :

> Ce qui arrive au moi social retentit sur le moi créateur, et inversement, en modifiant la dynamique et l'équilibre de la personnalité inconsciente, donc du mythe [...] les événements biographiques ressentis par le moi social ne sont transmis au moi créateur qu'à travers le mythe, ralentis selon son temps, interprétés selon sa connaissance de la vie et de la mort [2].

Pourtant, cette optique n'est pas nécessairement fondée. Prenant le cas précis d'Alain-Fournier, ce type de critique littéraire verrait dans la rencontre que Fournier fit d'Yvonne de Quiévrecourt, devant le Grand-Palais, la source, la genèse même du roman et, particulièrement, de la rencontre entre Augustin et Yvonne de Galais. Il serait pourtant plus juste d'y voir autre chose : c'est l'univers mental et imaginaire de Fournier qui a provoqué les conditions de la rencontre réelle, qui lui a donné ses développements réels avant de se matérialiser dans la fiction.

Mauron pourtant ne désarme pas et, fort de son intuition et de sa théorie, il entreprend de dépister, chez une série d'auteurs, ce qu'il appelle des « métaphores obsédantes », figures mythiques trouvant leur source dans un souvenir d'enfance et qui sont partout présentes dans les œuvres de ces écrivains. Ces métaphores obsédantes se constituent en réseaux qui donnent naissance aux figures mythiques :

> Nous sommes ainsi conduits, par l'étude tout empirique des réseaux associatifs, à l'hypothèse d'une situation dramatique interne, personnelle, sans cesse modifiée par réaction à des événe-

---

1. *Ibid.*, p. 227.
2. *Ibid.*, p. 231.

ments internes ou externes, mais persistante et reconnaissable. C'est elle que nous nommerons, en effet, le mythe personnel [1].

Il considère le mythe personnel selon trois points de vue :

A. – L'expression figurée d'un état de fait, c'est-à-dire l'état actuel de la personnalité inconsciente ;
B. – Une réaction de cette personnalité aux circonstances présentes, en fonction d'un passé individuel ;
C. – Une réaction de cette personnalité aux circonstances présentes en fonction d'une histoire humaine [2].

Ainsi, « le mythe personnel pourrait être ce moyen terme [...] entre une façon de réagir et une façon de rêver [3] ».

F. Pire résume très bien la démarche psychocritique. Selon cette théorie, une œuvre peut être lue comme un rêve pour plusieurs raisons :

1. le texte participe de la vie inconsciente ;
2. il a un double sens, latent et manifeste ;
3. il participe d'une dynamique de pulsion dont il est la représentation ;
4. il assure le retour du refoulé ;
5. toute œuvre d'un auteur serait un ensemble de variations sur un thème essentiel, qui serait un rêve originel ;
6. « derrière l'œuvre se profile l'image d'un rêveur (le Moi créateur, selon Mauron) dont la parenté avec l'écrivain en tant qu'homme (le Moi social) peut paraître assez vague [4] ».

Selon Mauron, au-delà de certaines « métaphores obsédantes », particularités d'écriture, lacunes, répétitions ou expressions insolites, au-delà des structures dramatiques (Racine, Molière) ou poétiques (Mallarmé, Baudelaire, Valéry...) se dessine une structure signifiante fondamentale qui décrit un des destins possibles de l'auteur. Ce destin « mythique », mais « personnel », est comparable

1. *Ibid.*, p. 194-195.
2. *Ibid.*, p. 216.
3. *Ibid.*, p. 218.
4. F. PIRE, « Psychanalyse et psychocritique », dans *Méthodes du texte : introduction aux études littéraires*, p. 267.

au sens « latent » du rêve. Il compose un système symbolique qui n'est pas arbitraire, s'il respecte [quatre] principes [1].

Ces principes sont :

1. *Principe de constance* : le caractère répétitif ;
2. *Principe d'anomalie* : le caractère inattendu ;
3. *Principe de cohérence* : pouvoir personnaliser la thématique dans une figure mythique ;
4. *Principe de correspondance* à certains aspects de la biographie.

F. Pire précise toutefois que la psychocritique ne s'apparente pas à la psychanalyse :

> [...] la psychocritique n'a pas cette ambition [i.e. coucher l'auteur sur le divan] que certains disciples de Freud ont cru imprudemment pouvoir assumer. La fonction du « mythe personnel » s'apparente à celle des « structures profondes » en grammaire transformationnelle. Il permet d'ordonner les productions d'un auteur à partir d'un proto-roman, d'un proto-poème ou [...] d'une proto-tragédie [2].

Les liens avec la psychanalyse semblent pourtant plus évidents que ceux avec la grammaire...

Sous ce jour, ces études ne manquent pas d'être séduisantes et passionnantes, et leurs conclusions semblent s'avérer particulièrement pertinentes. Pourtant, l'assimilation au rêve, comme l'a dit Lacan, est une erreur ; le texte participe certes de la vie inconsciente, mais il ne s'y résume pas. Ce n'est pas d'un double sens qu'il dispose, mais d'une pluralité, et dire qu'il assure le retour du refoulé n'est vrai que dans la perspective du mythe personnel ; le profil du Moi créateur derrière l'œuvre n'est rien moins qu'évident, et s'il fallait en voir un absolument, ce serait plutôt l'ombre que la lecture crée.

Plusieurs aspects de la psychocritique ont quelque chose de désolant par leur évidence. Évidemment, il est facile de repérer chez

1. *Ibid.*, p. 268.
2. *Ibid.*, p. 269.

un auteur certaines obsessions, qui se développent de livre en livre. Camus le disait, on ne fait peut-être rien d'autre, durant notre vie, que de développer une idée ou une image conçue à l'adolescence :

> Une œuvre d'homme n'est rien d'autre que ce long cheminement pour retrouver par les détours de l'art les deux ou trois simples et grandes images sur lesquelles le cœur, une première fois, s'est ouvert [1].

L'idée du Moi créateur participe de ce mythe de l'auteur-être-à-part. La poésie alors se résume aux poètes maudits (les deux termes devenant pléonastiques). D'une certaine façon, on pourrait dire que la psychocritique ne participe pas au mouvement général des sciences humaines, évoqué plus haut, mais plutôt qu'elle vient *a posteriori* fonder les *a priori* et les présupposés d'une certaine critique littéraire et d'une certaine façon de penser et juger la « chose littéraire ». C'est finalement une manière évidente de maintenir la barrière entre le « monstre » créateur et « l'innocent » lecteur : le texte n'a rien à dire, rien à apprendre au lecteur, puisqu'il n'est que la trace d'un processus purement personnel de l'auteur. Écrivain et public ne partagent pas les mêmes questions, les mêmes angoisses – et c'est le critique littéraire qui pose la frontière, rassure les uns et renvoie les autres à leur traumatisme. Dire que toute l'œuvre de Racine se résume au développement du mythe personnel de l'enfant abandonné ou à quelque traumatisme vécu par l'auteur dans son enfance et resurgi au gré des circonstances de sa vie, c'est d'une certaine façon proclamer que si l'on n'écrit pas, c'est qu'on est normal.

La psychocritique tend donc à rompre le dialogue possible entre le créateur et le lecteur, dialogue qui porte, non sur l'œuvre, mais sur les questions qu'elle soulève.

▲ SHOSHANA FELMAN : LITTÉRATURE *ET* PSYCHANALYSE

> Il faut réinventer non seulement l'approche de la question, mais aussi la véritable relation entre littérature et psychanalyse [2].

---

1. Albert CAMUS, *L'envers et l'endroit*, p. 31-32.
2. Shoshana FELMAN, « To open the Question », dans *Literature and Psychoanalysis, the Question of Reading : Otherwise*, p. 5.

Tel est le projet que Shoshana Felman poursuit à l'Université de Yale. Pour cela, elle combat tout d'abord le fait que, lorsque l'on parle de psychanalyse *et* de littérature, le *et* ne coordonne pas, mais subordonne la littérature – objet, discours à interpréter, l'esclave dans la dialectique hégélienne – à la psychanalyse – sujet, savoir, maître. Pourtant :

> Dans la perspective de la critique littéraire, la littérature est un sujet, non un objet ; il ne s'agit donc pas seulement d'un corps de langage à interpréter, de même que la psychanalyse n'est pas simplement un corps de savoir avec lequel interpréter, d'autant que la psychanalyse est elle-même un langage et la littérature un savoir, même si les modalités de ce savoir peuvent différer de celles de la psychanalyse [1].

Il s'agit donc de fuir le discours psychanalytique sur la littérature et d'établir entre les deux un réel dialogue. La notion d'application est alors remplacée par celle d'implication à instaurer entre la psychanalyse et la littérature, qui s'informent mutuellement et interagissent. Après avoir fait remarquer à son tour tout ce que la psychanalyse doit, dans l'élaboration de ses concepts fondamentaux, à la littérature, Felman conclut :

> [...] il n'y a pas de liens *naturels* entre la littérature et la psychanalyse, qui les définiraient ou les distingueraient clairement ; la frontière qui les sépare est indécidable d'autant qu'elles sont véritablement traversées l'une par l'autre. [...] De même que la psychanalyse pointe l'inconscient de la littérature, celle-ci, en retour, est l'inconscient de la psychanalyse [2].

C'est avec cette ambition qu'elle rédigea *La folie et la chose littéraire*. Il n'est pas possible de résumer ici les différentes études qui composent cet ouvrage. Néanmoins, il constitue un apport privilégié pour pointer du doigt un chemin possible de collaboration entre la littérature et la psychanalyse – non pas des théories toutes faites et applicables au texte, mais une sensibilité au fondement de la littérature, liée dans son mouvement même à la folie.

---

1. *Ibid.*, p. 6.
2. *Ibid.*, p. 9-10.

Approcher la folie par la littérature, c'est aussi, par la folie, jeter sur la littérature un éclairage particulier – et particulièrement vif :

> Sait-on ce que c'est qu'*écrire sur* la folie (non pas écrire la folie) ? Or, puisqu'il n'y a pas de métalangage, écrire *sur* la folie et écrire la folie, parler *sur* la folie et parler la folie ne se rencontrent-ils pas quelque part ? Quelque part où ils ne se donnent *pas* rendez-vous ? Ne serait-ce pas dans ce quelque part, justement, que pourrait se situer l'*écriture* [1] ?

D'une certaine façon, l'approche que Felman fait de la folie est assez similaire à celle que, dans un autre domaine, Wiesel fait de la Shoah : dans les deux cas, il s'agit d'une expérience irréductible et presque impossible à transmettre, surtout pour ceux qui ne l'ont pas vécue. C'est pourquoi la littérature et l'écriture semblent le lieu privilégié d'une telle approche. Dire ou écrire la folie, c'est éviter d'y sombrer :

> […] désirer dé-finir l'infini. La folie, c'est à la fois l'ineffable et le désir de *nommer* l'ineffable [2].

Dès lors, l'auteur se heurte à cette angoisse de dire ce qui ne peut être dit, de dire sa folie – et comment croire le narrateur qui dit « je suis fou » ? C'est l'impossible nécessité de l'écriture, ou sa nécessaire impossibilité. Partant, Felman justifie le recours à la psychanalyse tout en donnant un sens nouveau à la lecture analytique et critique d'un texte :

> Le travail du texte est ainsi homologue au travail du rêve. Or, si le rêve, comme on sait, a pour fonction majeure d'être « gardien du sommeil », de réaliser un désir de dormir, ce désir ne va pas toujours sans obstacles. « Ce n'est pas une petite chose – comme l'affirme Nietzsche – que de *savoir dormir* : il faut commencer par *veiller* tout le jour. » Pourrait-on dire que la thématique, elle aussi, a pour fonction de *veiller* précisément pour nous *endormir*, pour préserver la puissance de sommeil que véhicule le langage ? Car, par sa clarté même, le thème aveugle ; il a pour tâche d'*occulter la rhétoricité* du texte, de rendre la rhétorique littéralement *illisible*. La rhétorique, en revanche, est tout ce qui, dans le thème, dysfonctionne, tout ce par quoi le thème ne fonctionne pas : *s'inaccomplit*.

---

1. Shoshana FELMAN, *La folie et la chose littéraire*, p. 14.
2. *Ibid.*, p. 173.

> C'est pourquoi la tâche de la lecture est d'abord, bien sûr, de trouver le thème, mais ensuite, de chercher à le *perdre*. Or, quelquefois perdre le thème est plus difficile que le trouver [1].

Cette remarque méthodologique est d'une rare pertinence, particulièrement en matière d'analyse littéraire ; se méfier de ce qui semble évident, toujours être prêt à remettre en cause, voire à sacrifier, sa lecture. Ce que l'auteur donne à voir n'est peut-être qu'un faux reflet dans un miroir tronqué. Quoi qu'il en soit, la folie, au sein de l'écriture, est ce qui résistera toujours – et les conclusions de Felman sont capitales :

> La folie, en dernière instance, se sera définie [...] comme une résistance en acte à l'interprétation. La folie, en d'autres termes (comme la chose littéraire), ne consiste ni en *sens* ni en *non-sens ;* elle n'est pas un signifié dernier, aussi manquant ou disséminé qu'on puisse se l'imaginer, ni même un signifiant ultime qui résiste au déchiffrement exhaustif, mais une sorte de *rythme* imprévisible, incalculable, inarticulable, mais foncièrement narrable, à travers le récit du glissement d'une lecture *entre* le trop-plein-de-sens et le trop-vide-de-sens. Toute lecture est un récit rythmé par la rhétorique de ce qu'elle manque à dire sur son rapport au texte et à la folie du texte. [...] Plus un texte est « fou » – plus, en d'autres termes, il résiste à l'interprétation –, plus ce sont les modes spécifiques de sa résistance même à la lecture qui constituent son « sujet », et sa littéralité. Ce que la chose littéraire, dans chaque texte, raconte, c'est précisément la spécificité même de sa résistance à notre lecture [2].

Dire « Je suis fou », c'est à la fois prouver qu'on l'est et qu'on ne l'est pas. C'est avant tout le signe que le narrateur se dédouble, par un effet spéculaire – souvent trahi par le thème du miroir dans le texte même. Il y a le « je » héros, acteur, et le « je » narrateur, spectateur, « décalé du héros dans le temps [3] ». Dire « je suis fou », pour un narrateur, c'est revendiquer violemment un sens :

> [...] la « folie », ce n'est pas le constat d'un fait, mais le lieu visé d'une aspiration : la « folie », c'est un *désir* de folie, une précipitation aveugle vers le sens, un rêve d'excès et d'hyperbole, de plénitude et de puissance qui, là encore, ne cherche qu'à oublier, à dénier

1. *Ibid.*, p. 187.
2. *Ibid.*, p. 349-350.
3. *Ibid.*, p. 68.

> la castration : la castration du sens. [...] La « folie », c'est une hyperbole de soi à travers une ivresse du langage ; c'est l'illusion d'ivresse qui de fait recouvre l'impuissance à devenir ivre, l'impuissance à « être fou ». [...] La folie, c'est [...] la croyance qu'on est identique à soi et qu'on diffère des autres ; [...] croyance qu'on est fou alors même qu'on ne l'est pas ou qu'on l'est si peu. Mais paradoxe : celui qui se croit fou, alors qu'il n'est pas fou, est fou – du fait même de cette croyance ; fou, non parce qu'il se croit fou, mais parce que, tout court, il *se* croit ; s'identifie à une ombre d'image dans un lac ou dans un miroir ; *s'aliène* donc, de par la folie même de l'identification spéculaire [1].

La sociocritique et la sociologie de la littérature

La sociocritique, qui ne se confond pas avec la sociologie de la littérature, a été élaborée par le Français Claude Duchet et se place dans un courant de pensée marxiste non léniniste. Elle se situe dans la continuation du poststructuralisme et considère en outre qu'une analyse structurelle du texte est un préalable nécessaire à toute interprétation du *sociotexte*, ce qui revient à saisir le fondement idéologique en œuvre dans le texte.

De son côté, la sociologie de la littérature, dans ses derniers développements – nous avons vu que des considérations sociologiques sont présentes depuis Mme de Staël –, s'intéresse tout particulièrement aux littératures marginales ou minoritaires, que ce soit du point de vue des genres – oralité, « paralittératures » – ou du point de vue des lieux de productions – littérature des pays pauvres. Elle se propose d'étudier les rapports de ces textes avec une culture écrite « cultivée », occidentale. D'autre part, elle cherche à comprendre ce qui, dans une culture donnée, permet aux gens de déterminer ce qui fait ou non partie du « champ littéraire », en étudiant, comme le font par exemple Pierre Bourdieu et Jacques Dubois, le fonctionnement de l'institution littéraire.

---

1. *Ibid.*, p. 183-184.

On peut considérer que, si l'on tient compte de l'acception la plus moderne de la sociologie, elle peut se confondre en grande partie avec la sociocritique.

Il s'agira donc d'étudier, grâce au texte, l'historique, le social, l'idéologique et le culturel qui, à la fois, définissent ce texte et sont définis par lui. En effet, la réalité est essentiellement définie par les discours que l'on porte à son sujet ; la sociocritique tentera dès lors de définir, parmi ces discours, la place particulière du discours littéraire.

La perception marxiste de la littérature dépasse la considération des chefs-d'œuvre ; le littéraire s'inscrit dans sa dimension sociale et économique. On doit à cette approche la plupart des développements des théories de la production et de la réception. Il y a donc détermination du milieu sur l'auteur autant que sur le lecteur.

D'un côté, donc, la sociologie littéraire va s'intéresser aux genres « mineurs », marginaux : la bande dessinée, la chanson, le folklore, le conte populaire, le roman policier, la science fiction, etc. Elle aura tendance à mettre sur un pied d'égalité, par rapport à la critique, des œuvres extrêmement disparates. On refuse ici tout jugement de valeur. On peut gloser longtemps sur l'intérêt ou le danger que représente cette mise à plat des textes, qui conduit à mettre sur le même pied Balzac et une série de bande dessinée ; le débat, ici, porte sur le préjugé le plus ancré de l'histoire de la critique littéraire, et peut-être le moins précisément défini : le « littéraire », la « littérarité ». Existe-t-il des chefs-d'œuvre ou seulement des textes qu'une époque et une société données choisissent de déterminer comme « littéraires » ? Cette réflexion, qui n'est pas dénuée d'intérêt, mène néanmoins à certaines dérives troublantes, comme par exemple un sociologue comme Pierre Bourdieu qui parle de la « littérature » en donnant le sentiment de ne pas lire les textes littéraires. La littérature n'est plus qu'un « champ » social dont on peut parler sans y pénétrer.

À côté de cela, les sociocritiques se sont aussi penchés sur les « chefs-d'œuvre » de la littérature, dans une perspective toutefois très différente des approches qui les ont précédées ou qui leur sont contemporaines, mais ne partagent pas leurs points de vue. Le point de départ de critiques comme Georges Lukács (1885-1871), Mikhail

Bakhtine (1895-1975) ou Lucien Goldmann (1913-1970) consiste à dégager ces textes de lectures réductrices et castratrices. Ces textes mettraient à jour divers aspects – de crise le plus souvent – que l'on se serait efforcé de ne pas voir. La méthode consiste à lire le texte, rien que le texte, mais tout le texte, y compris ce que la critique jusqu'ici a refusé de voir, y compris également ce qui y semble en contradiction avec ce que l'on sait – ou croit savoir – de l'auteur. Le texte en effet témoigne, parfois contre l'auteur, d'une situation socio-historique qui peut être dépistée dans des détails souvent anodins, rejetés par la critique ou qui semblent appartenir à d'autres réseaux – symbolique, esthétique, religieux, moral…

Portant leur attention sur les points de crise, ces critiques vont être particulièrement attirés, dans les « grands textes », par les personnages de fous ou de déviants sociaux, par leurs langages et leurs comportements anormaux, en porte-à-faux par rapport à la société dominante, par ces remises en question de l'ordre et de la loi que sont les révoltes ou le suicide, la bâtardise… La famille est, dès lors, perçue comme le lieu où le public agit sur le privé et ne reçoit sa signification que par ce dernier. En ce sens, on rejoint ici les préoccupations de Marthe Robert.

D'un point de vue formel, la sociocritique considérera également que toute transgression formelle, par rapport à la norme plus ou moins académique, est un acte politique.

Elle apportera enfin une réflexion intéressante sur le concept d'« histoire », en distinguant l'HISTOIRE, l'Histoire et l'histoire :

> – HISTOIRE : réalité et processus historique objectivement connaissables.
>
> – Histoire : le discours historique qui propose une interprétation, volontiers injonctive et didactique, de la réalité et du processus historiques.
>
> – histoire : la fable, le récit, les thèmes et leurs agencements qui fournissent une autre interprétation, hors idéologie et hors projets sociopolitiques clairs, de ce même processus et de cette même réalité historiques dans leur relation avec le sujet vivant, pensant et écrivant, mais aussi avec les masses-publics à naître. L'histoire et les histoires contredisent le plus souvent le discours de l'Histoire immédiatement contemporaine et annoncent plus souvent des systématisations historiques qui viendront plus tard. L'histoire a donc

> pouvoir d'anticipation, en donnant de l'Histoire une représentation plus exacte. [...] Le texte littéraire est ainsi l'une des pièces capitales de la connaissance du réel, et il est aujourd'hui fort surprenant que les historiens de la « nouvelle Histoire » n'en aient que si peu tenu compte pour substituer à l'ancien discours historique une Histoire plus pertinente. Et c'est sans doute un autre aspect du « plaisir du texte » que d'en découvrir et d'en établir, autant que faire se peut, la valeur et la force cognitive [1].

Il est extrêmement difficile de résumer toutes les approches qui, aujourd'hui, se revendiquent de la sociologie et/ou de la sociocritique. On se limitera ici à la présentation de quelques-uns de ses représentants les plus éminents, pour ensuite esquisser un portrait synthétique forcément lacunaire.

Georges Lukács (1885-1971)

On considère Lukács comme le père de l'esthétique marxiste ; mais quand il écrit, en 1920, sa *Théorie du roman*, il n'a pas encore adhéré au marxisme. Dans cette étude, qu'il reniera plus tard, il oppose l'épopée au roman : la première rend compte de la totalité de la vie, alors que le second ne peut qu'aspirer à cette totalité, sans y parvenir. Le héros romanesque, personnage « problématique », contrairement à celui de l'épopée, n'inscrit plus ses idées dans la réalité ; il devient l'objet central d'attention du récit, en une investigation personnelle dont le roman rendra compte.

Lukács peut ainsi distinguer trois types de romans :

1. l'*idéalisme abstrait* : la conscience du héros ne rend pas compte de la complexité du monde et ne se reconnaît pas dans un monde qui lui semble morcelé, fragmentaire ;
2. le *roman psychologique* : la grandeur d'âme du héros l'empêche de s'adapter à la réalité ; il recherchera dès lors, dans un espace-temps imaginaire, à réaliser ses espoirs déçus ;

1. Daniel Bergez (dir.), *Introduction aux méthodes critiques pour l'analyse littéraire*, p. 144.

3. le *roman du renoncement* : le héros prend conscience de la distance existant entre le monde et lui, et entre son désir et lui-même.

On s'aperçoit qu'il y aurait des liens intéressants à établir entre cette approche – qui n'est présentée ici que sommairement – et celle de Marthe Robert. Plus essentielle encore est l'influence qu'exercera Lukács – malgré ses nombreux dénis portés sur certains de ses travaux antérieurs – sur un autre sociologue, Lucien Goldmann.

▲ Mikhaïl Bakhtine (1895-1975)

Pour Bakhtine aussi, toute production littéraire est fondamentalement ancrée dans un contexte socio-historique. Les êtres et les textes n'existent que dans un flux constant d'influences multidirectionnelles, subies et exercées, avec les autres êtres et les autres textes, dans un axe à la fois spatial et temporel – Bakhtine développe ainsi le concept de « chronotope », soit les caractéristiques du temps et de l'espace présentes dans chaque genre littéraire. Il n'y a donc pas, ni pour l'individu ni pour le texte, de possible définition autarcique ; tout est dans le « dialogue », tout n'est que par cette « relation dialogique » – concept que Julia Kristeva reprendra en parlant d'« intertextualité ».

Les êtres – et les personnages de romans – sont donc inachevés, par cette tension constante qui s'installe entre le « moi » et « l'autre », au gré de cette relation dialogique. La seule totalisation possible, quoiqu'instable et incertaine, est le récit romanesque – le roman « polyphonique » portant le mieux la trace de ce dialogisme. De plus, rien n'est neutre dans un texte ; tout parle, tout est trace de ce dialogue constant entre la conscience sociale et l'esprit créateur.

▲ Lucien Goldmann (1913-1970)

Ce disciple français de Lukács va développer, entre autres à l'Université libre de Bruxelles où il reprendra la chaire de sociologie de la littérature, une méthode qui fera date : le « structuralisme génétique », par laquelle il tentera de proposer des outils de lecture sociologique de l'œuvre qui tiennent compte à la fois d'une dimension diachronique et d'une dimension synchronique. Il s'agira donc de lier la description des modèles appliqués par l'ensemble du corpus littéraire d'une époque ou d'une classe sociale à la compréhension du mouvement historique représenté dans ce corpus et, en même temps, indissociable d'un contexte extralittéraire. L'œuvre littéraire est donc supposée, parallèlement à la philosophie, offrir une représentation du monde partagée par une époque ou un groupe social. Cette vision du monde n'est pas une expression individuelle, mais sociale.

Chaque groupe social tente d'apporter une réponse cohérente aux contradictions vécues ; mais cette tâche est impossible et il ne peut qu'ébaucher une vision du monde. C'est l'écrivain, ou le philosophe, qui, grâce à son univers imaginaire, pourra réaliser cette cohérence à laquelle le groupe social aspire. Il y a, dès lors, un mouvement de va-et-vient entre le groupe et l'écrivain : le groupe détermine une vision du monde, l'écrivain lui en fait prendre conscience et révèle ce qui, sans lui, resterait latent, informulé.

La méthode critique de Goldmann se décompose en deux temps : d'abord, la *compréhension*, ensuite l'*explication*.

La compréhension vise à dégager la structure fondamentale de l'œuvre, présente dans tous les textes, mais avec des variantes, ce qui nécessite une extrême souplesse de lecture et d'analyse. Ainsi, pour Racine par exemple – dans son essai *Le dieu caché* (1955) –, Goldmann établit que quasi toutes ses pièces répondent à une structure tragique, résultante d'un jeu de force entre trois positions :

1. le *monde* : la société. Il est caractérisé par le compromis. Dans le monde, tout finit par s'arranger, les conflits ne sont jamais insolubles puisque personne ne brandit d'exigences absolues ;
2. le *héros tragique* : lui, par contre, recherche l'absolu. Il est seul et s'oppose à tout compromis ;
3. le *dieu caché* : il inspire le héros tragique, avec qui il est en relation profonde. Le héros tragique entend l'appel du dieu caché, mais ne peut y répondre. Ce dieu est caché, car, s'il inspire l'exigence d'absolu au héros tragique, il ne lui dit pas comment y parvenir. Il y a en lui quelque chose de profondément pervers ; c'est le dieu du tragique grec, pas du christianisme.

Le tragique naît du conflit entre le monde des compromis et le héros en soif d'absolu.

La structure repérée par la phase de compréhension sera à son tour, par l'homologie de structure – insertion d'une structure dans une structure plus vaste qui lui ressemble –, inscrite dans ce que Goldmann appelle le « jansénisme extrémiste ». Cette dernière structure est présentée, dans la méthode de Goldmann, comme la « cause ». C'est la phase d'explication.

Le jansénisme extrémiste est une idéologie formulée par le théologien Martin de Barcos, qui refuse tout compromis avec le monde, jugé radicalement mauvais. Goldmann, ensuite, replace cette idéologie dans son contexte, celui d'un groupe social, la noblesse de robe, écarté du pouvoir par le Roi. Racine a donc réussi à donner une cohérence à la vision du monde d'un groupe social.

Il y a, dans la démarche de Goldmann, quelque chose d'à la fois très stimulant et très réducteur. Stimulant, car il est toujours enivrant, pour le critique, de trouver, grâce à la lecture d'une œuvre précise, un système de signification cohérent, pouvant rendre compte d'une réalité plus large que cette œuvre ; réducteur, car cette approche très globalisante réduit l'œuvre à l'expression d'un inconscient collectif, et méconnaît la part propre à l'individu. Il ignore aussi le « dialogisme » ou l'intertextualité, pointé par Bakhtine. Toutefois, la sociologie rappelle, avec une rigueur et des outils méthodologiques plus rigoureux, ce que Sainte-Beuve et d'autres pressentaient déjà au siècle passé, à savoir qu'une œuvre ne naît pas dans le vide : elle est le fruit ou l'expression de la conscience d'un individu façonné par son histoire personnelle autant que par son environnement.

▲ Terry Eagleton

Nous conclurons cette approche de la sociologie par un aperçu rapide du point de vue de Terry Eagleton, tel qu'il l'expose dans son essai *Critique et théorie littéraires : une introduction*.

Au terme d'un parcours où il envisage les différentes méthodes et théories de la critique littéraire depuis le XIXe siècle, Eagleton annonce qu'il va décevoir les attentes de son lecteur en ne proposant pas, à son tour, une méthode nouvelle, susceptible de remplacer celles qui l'ont précédée. Il constate plutôt que, quels que soient ses fondements et ses présupposés, une théorie littéraire pourrait s'appliquer à d'autres objets que la littérature :

> Ainsi, soit la théorie littéraire admet qu'elle peut étudier les soirées aussi bien que Shakespeare, et dans ce cas elle court le risque de perdre son identité en perdant son objet ; ou bien elle admet que les soirées peuvent être analysées pourvu que la méthode d'analyse soit appelée différemment : ethnométhodologie, ou phénoménologie herméneutique, etc. Le propos de la théorie littéraire c'est la littérature, car la littérature est plus honorable, est plus gratifiante que tous les autres textes sur lesquels opère le discours théorique. Le désavantage d'une telle affirmation est qu'elle est totalement fausse [1].

Dans le sillage de Bourdieu, il impute à « l'institution littéraire » le pouvoir exorbitant de déterminer ce qui fait ou non partie du champ de la littérature. La théorie littéraire faisant elle-même partie de cette institution, elle ne peut se dégager des hiérarchies de valeurs dans lesquelles elle s'inscrit et à l'établissement desquelles elle contribue. En effet, constate Eagleton, « le discours théorique représente un pouvoir [2] », émanant de l'université, qui autorise ou interdit les approches théoriques suivant qu'elles participent ou non au discours dominant à une période et en un lieu précis. Le sociologue anglais en appelle dès lors à la disparition de la théorie littéraire :

> Le mouvement final, en bonne logique, d'un processus qui débuta par la reconnaissance du caractère illusoire de la littérature serait de reconnaître que la théorie littéraire est une illusion [...] au sens où [elle] n'est rien moins qu'une branche des idéologies sociales et qu'elle ne dispose d'aucune identité ou unité qui la distinguerait de la philosophie, de la linguistique, de la psychologie, de la pensée culturelle et sociologique [3].

Eagleton en appelle, dès lors, à un éclatement radical du discours critique, dans une perception éminemment collective et

1. Terry EAGLETON, *Critique et théorie littéraires : une introduction*, p. 198.
2. *Ibid.*, p. 199.
3. *Ibid.*, p. 200.

marxiste de la société où les choix individuels ne sont pas pris en compte :

> [...] il est bien plus utile de considérer la « littérature » comme un nom que les gens donnent de temps en temps pour différentes raisons à certaines formes d'écrits dans le champ général de ce que Michel Foucault a appelé « pratiques discursives » [...] si quelque chose doit être un objet d'études, c'est ce champ général de pratiques plutôt que ces pratiques plus obscures appelées « littérature» [1].

Il reconnaît toutefois que cela revient à dissoudre la pertinence de l'approche dans une infinité de potentialités. Il choisit dès lors de se concentrer sur une approche de cette « théorie du discours », qui se focaliserait sur « les *effets* que les discours produisent et [sur] la façon dont ils les produisent [2] », ce qui, admet-il, consiste à revenir à l'antique rhétorique :

> La rhétorique, qui fut la forme courante d'analyse théorique depuis les sociétés anciennes jusqu'au XVIIIe siècle, étudiait la façon dont les discours sont construits afin de produire certains effets. Elle ne se souciait pas de savoir si ses objets d'étude étaient la parole ou l'écrit, la poésie ou la philosophie, la fiction ou l'histoire : son horizon n'était rien moins que le champ des pratiques discursives dans l'ensemble de la société avec un intérêt spécifique pour la saisie de ces pratiques comme formes de pouvoir et d'action. Cela ne veut pas dire que la rhétorique ignorait la valeur de vérité des discours en question, car cela pouvait avoir une importance cruciale pour les effets qu'ils produisaient chez leurs lecteurs et leurs auditeurs. La rhétorique, dans sa période dominante, n'était pas un « humanisme», elle ne cherchait pas à savoir par intuition ce que les gens expérimentaient dans le langage. Elle n'était pas non plus un « formalisme », préoccupé uniquement d'analyser les mécanismes linguistiques. [...] La rhétorique ne voyait pas la parole et l'écrit comme des objets textuels à contempler esthétiquement ou à déconstruire sans fin, mais comme des formes d'*activités* inséparables des relations sociales plus larges entre écrivains et lecteurs, orateurs et auditeurs, inintelligibles hors des objectifs et des conditions sociales dans lesquels elles sont insérées [3].

1. *Ibid.*, p. 201.
2. *Ibid.*
3. *Ibid.*, p. 202.

Il ne s'agit pas pour autant de revenir à la rhétorique ancienne ; la nouvelle rhétorique qu'il s'agit de fonder incorporerait des apports de toutes les « théories littéraires », du formalisme au déconstructionnisme, du biographisme à la thématique, de l'humanisme à la psychanalyse.

Il faut encore que la théorie ait une finalité : la rhétorique étudiait les formes de discours afin de produire des discours plus efficaces encore, or, le structuralisme n'a d'autre finalité qu'un approfondissement d'une théorie, et l'humanisme libéral, qui sous-tend bon nombre d'approches théoriques, souhaite rendre l'homme meilleur au nom d'une morale qui reste interpersonnelle, qui présuppose une surdétermination de la littérature et qui est de surcroît incapable définir ce qu'est un « homme meilleur ». Ce concept, pour Eagleton, ne peut se comprendre que dans une dimension politique :

> Ce que veut dire être une « meilleure personne » doit donc être concret et pratique – c'est-à-dire en rapport avec les situations politiques des gens [...] C'est une question d'arguments politiques et pas seulement d'arguments « moraux » : il doit s'agit d'un argument moral *authentique* qui porte sur les relations entre les qualités et les valeurs individuelles et nos conditions matérielles d'existence. L'argument politique n'est pas une alternative aux préoccupations morales : il est ces préoccupations mêmes, abordées sérieusement et dans leurs pleines implications [1].

Ceci implique de reconsidérer un des tabous majeurs de la théorie littéraire, depuis le romantisme, à savoir l'*utilité* de la littérature : « Toute théorie littéraire présuppose une certaine utilité de la littérature même si ce que l'on en retire est purement inutile [2] ».

Pour Eagleton, tout est politique, qu'on l'admette ou non :

> La différence entre une théorie « politique » et une théorie « non politique » est la même que celle qui existe entre le premier ministre et le roi : ce dernier sert certaines fins politiques en le niant et le premier ne fait pas de simagrées à ce propos. Il vaut toujours mieux être honnête en ces domaines. Entre un théoricien conventionnel qui parle « Du chaos de l'expérience » chez Conrad ou

1. *Ibid.*, p. 204.
2. *Ibid.*, p. 205.

> Woolf et la théoricienne féministe qui étudie les représentations sexuelles chez ces auteurs, la différence n'est pas entre une théorie politique et une théorie non politique, mais plutôt entre différentes formes de politique [1].

Tout discours théorique sur la littérature présuppose donc une idéologie qui le fonde et le pousse à s'intéresser à tel ou tel aspect du discours et à déterminer son corpus. Il faut en être conscient, déterminer la finalité du propos théorique – son *utilité* – avant de définir la méthode et le corpus. Eagleton, pour sa part, souhaite donner à sa pratique une finalité et une *utilité* sociales et politiques les plus larges possible. Il s'agit donc d'analyser la totalité et la fonction du champ culturel, dans lequel s'inscrit ce qu'une société donnée appelle « littérature ». On peut n'étudier que cet aspect, pour autant que l'on ne prétende plus à une valeur supérieure et éternelle de ce corpus et de ces éléments.

L'étude du champ culturel peut avoir *quatre implications politiques majeures*, pour Eagleton :

1. la lutte contre l'impérialisme, qui n'est pas seulement une question économique ou militaire, mais aussi culturelle ;
2. le mouvement féministe, qui a transformé le « discours » du corps en « politique » du corps, en lui rendant sa socialité ;
3. l'industrie culturelle, qui nécessite la prise en compte de l'influence des médias dans le champ culturel ;
4. la littérature prolétarienne, qui signe une rupture importante dans une conception où la littérature est le domaine privilégié d'une classe dominante.

La « révolution » à laquelle Eagleton appelle est sans doute fondamentale, non seulement par rapport à un discours théorique – qui a cependant assez de suffisance pour se passer de toute révolution – mais surtout par rapport à la définition même de la littérature, qui ne pourrait que s'enrichir d'une approche qui conserve le meilleur des méthodes précédentes en se débarrassant de leurs présupposés idéologiques, et enfin par rapport à la lecture de textes « canoniques » dont le commentaire a été figé dans un cadre étroit

1. *Ibid.*

par le pouvoir « universitaire », et qui auraient tout à gagner à subir cette « révolution » politique.

Théories de la réception

Une telle approche trouve un développement assez naturel dans les théories de la réception. Pour la première fois, une recherche critique va se centrer sur le « destinataire » du « message » littéraire, pour reprendre la terminologie de Jakobson. Qui lit et pourquoi ? D'une certaine manière, on peut dire qu'il s'agit du présupposé de toute critique littéraire, celui qui la pratique se définissant, implicitement ou explicitement, comme un lecteur, d'un type particulier certes, mais lecteur néanmoins.

« L'esthétique de la réception » est le fruit du travail d'un groupe universitaire allemand, rassemblé à Constance autour de Wolfgang Iser, qui élaborera une théorie dans une perspective pluridisciplinaire – y collaborent des philologues, mais aussi des philosophes d'inspiration phénoménologique.

La première démarche est de réhabiliter l'histoire littéraire ; en effet, la littérature ne peut se comprendre que dans un contexte et une perspective historiques. Réhabilitation ne veut pas dire, pour autant, une reprise des méthodes du passé, mais bien plutôt une critique fondamentale de ces méthodes afin d'en définir de nouvelles, permettant d'éviter que la littérature ne devienne quelque chose de mort, comme ce fut le cas chez ceux – formalistes, sociologues marxistes… – qui s'étaient écartés d'une approche « historique ». L'erreur, selon le groupe de Constance, fut de travailler, depuis le romantisme, suivant une vision « essentialiste », présupposant qu'il existe une « essence » littéraire indépendante de tout contexte historique, culturel et social. Toute œuvre paraît dans un contexte précis caractérisé par un « horizon d'attente » partagé par une collectivité ; suivant qu'elle répondra plus ou moins à cet horizon, une œuvre paraîtra plus ou moins « littéraire », novatrice ou non, etc. C'est bien l'horizon d'attente collectif qui conditionne l'horizon de chaque lecteur pris individuellement.

Ceci permet sans doute d'éclairer sous un jour nouveau cette question qui, de fait, est présente explicitement dans tout le discours critique du XIXe siècle – ce qui permet aujourd'hui, et à tort, de trouver ridicule les critiques qui n'ont pas reconnu un talent que nous pensons établi de tout temps – et implicitement dans celui du XXe siècle – par exemple, dans la sélection d'œuvres opérée par René Girard ou Marthe Robert – : qu'est-ce qui permet de dire qu'un texte est, ou non, « littéraire », voire un « chef-d'œuvre ». C'est le point de vue que Sartre défend dans son essai *Qu'est-ce que la littérature ?* : une œuvre n'existe que dans le temps de la lecture.

Un autre apport de cette démarche est de ne plus considérer le lecteur seulement en tant que spécialiste : le lecteur moyen joue lui aussi un rôle capital dans la définition de cet horizon d'attente qui définit, pour chaque époque, le « littéraire ».

C'est un aspect que développera particulièrement Umberto Eco (1932) qui, en plus de s'intéresser à la réception des œuvres, fonda aussi la sémiotique. Eco se penche surtout sur la littérature populaire, genre surdéterminé par l'attente d'un large public, à côté de laquelle il distingue le « roman problématique », qui échappe en partie à ces déterminations sociales et économiques. Pourtant, même dans ce cas, comme Eco le démontre dans son *Lector in fabula*, le public détermine aujourd'hui toute production à tel point qu'il y aurait, selon Eco, une véritable collaboration implicite entre l'auteur et le lecteur, par un jeu subtil d'allusions, de sous-entendus, de stéréotypes dont l'auteur se jouerait, autant d'indices et de blancs que le lecteur doit détecter et remplir.

QUELQUES MÉTHODES PARTICULIÈRES

Parallèlement aux mouvements de théorie littéraire que nous avons évoqués ici, il faut encore signaler quelques approches spécifiques qui ont développé des méthodes particulières et se sont constituées en disciplines autonomes, indépendamment des modes et des mouvements de pensées.

L'ÉDITION CRITIQUE ET LA CRITIQUE GÉNÉTIQUE

L'étude d'un texte littéraire implique l'établissement de ce texte dans son état le plus « valable », c'est-à-dire, selon une conception admise – qui pourrait peut-être être remise en cause dans une approche « politique » telle que le souhaite Eagleton –, le plus conforme possible au souhait de son auteur. Plus on remonte dans le temps, plus ce travail est difficile : pour le Moyen Âge, on ne dispose pas des manuscrits de l'auteur, mais seulement de copies, plus ou moins fidèles, d'un texte originel qui fut parfois oral. L'éditeur d'un texte médiéval doit donc analyser minutieusement les différentes copies dont il dispose, en tenant compte de l'époque à laquelle ces copies ont été rédigées autant que du lieu et des particularités linguistiques – la langue n'étant pas encore unifiée. Il s'agit d'un travail qui nécessite à la fois des compétences linguistiques, mais aussi historiques et culturelles au sens large, permettant de comprendre l'époque et ce que le contexte particulier d'un copiste a pu entraîner comme modifications par rapport à l'original que l'on tente de reconstituer le plus fidèlement possible.

Cependant, même après l'apparition de l'imprimerie, l'édition critique pose des problèmes. Il s'agira de confronter le texte édité aux manuscrits et aux autres éditions éventuelles, en établissant les variantes. Il faudra aussi recourir à l'étude de la correspondance ou des carnets de l'auteur, pour tenter de rétablir la genèse et l'élaboration de l'œuvre.

Ce dernier aspect est pris en charge plus particulièrement par la critique génétique, qui cherche, non pas à établir un texte, mais à voir comment il se constitue, depuis l'idée venue à l'écrivain jusqu'au livre imprimé. Apparue dans les années cinquante, la critique génétique a connu une éclipse à cause du structuralisme des années soixante qui considère le texte comme une entité suffisante et autonome. Mais elle a connu depuis un redémarrage :

> [...] en revendiquant la théorisation d'une « dimension historique à l'intérieur même de l'écrit » (Louis Hay), la critique génétique s'est immédiatement posée, dans le courant des années 1970, comme ce prolongement inattendu des recherches structurales qui se donnait pour espace de définition ce qui avait fait le plus cruellement défaut aux analyses formelles : le devenir-texte comme structure à l'état naissant, et l'étendue d'un nouvel objet, concret et spécifique, structuré par le temps, le manuscrit [1].

Il y a *quatre phases* dans le dossier de genèse d'une œuvre publiée :

1. pré-rédactionnelle (avec une phase exploratoire et une phase de décision, ou initiale) ;
2. rédactionnelle (dossier documentaire rédactionnel et dossier de rédaction, de brouillons) ;
3. pré-éditoriale (manuscrit définitif, dactylographie ou saisie informatique) ;
4. éditoriale.

Pour l'*analyse génétique* des textes, il faut :

1. rassembler et établir le dossier ;
2. spécifier les pièces ;
3. opérer un classement génétique des pièces ;
4. déchiffrer et transcrire les pièces.

1. Daniel BERGEZ (dir.), *Introduction...*, p. 11-12.

Il faut parfois recourir, en plus, à des expertises scientifiques :

1. la codicologie (science des supports matériels de l'écriture) ;
2. analyse optique (authenticité du scripteur, datation) ;
3. analyse informatique.

La littérature comparée

Il s'agit certainement du secteur de la recherche littéraire le plus riche, potentiellement, mais aussi qui nécessite le plus de moyens intellectuels. Il faut en effet, pour pouvoir comparer, disons, deux littératures nationales ou ne serait-ce que deux auteurs de pays différents, non seulement maîtriser parfaitement les langues utilisées, mais aussi être à même de comprendre l'univers imaginaire et culturel propre à chaque pays ou à chaque époque. Il faut donc combiner ici à la fois un esprit d'analyse nourri par une vaste érudition et un esprit de synthèse, sans quoi on n'aboutit à aucune analyse ou comparaison valable.

Plusieurs applications sont possibles :

1. les études d'*échanges littéraires internationaux* (sources, influences, succès) ;
2. les études d'*images nationales* (la « psychologie des peuples »), qui « révèlent les conditions générales de la sensibilité à telle culture étrangère et les conditions de possibilité ou de pertinence, à un moment donné, des relations littéraires entre nations [1] » ;
3. les études de *traduction* ;
4. les études d'*échanges littéraires intranationaux ou intralinguistiques* : « Dans ce comparatisme régional, dialectologique ou décolonisateur, on se réfère souvent à l'anthropologie culturelle et à l'histoire des consciences dominées pour conduire les études littéraires à la frontière des mythologies ou des religions comparées ou aux confins de l'idéologie et de la politique et de leur histoire [2] » ;
5. les études des *relations de la littérature avec les autres arts* ;

1. Jean-Claude POLLET, dans *Méthodes du texte : introduction aux méthodes littéraires*, dir. par Maurice DELCROIX, p. 238.
2. *Ibid.*, p. 239.

6. les études de *thèmes* (uniquement dans le sens de figures humaines « universelles », comme Alexandre, César, Don Juan, etc.)

On le voit, la littérature comparée pourra recourir à presque toutes les méthodes et théories envisagées dans ce parcours, jusques et y compris les plus récentes et les plus « révolutionnaires ».

CONCLUSION

Au terme de ce parcours, on constatera que, sous des formulations parfois très différentes – ou qui, du moins, affichent une différence et revendiquent une rupture avec ce qui précède –, les théories littéraires, depuis toujours, reformulent *grosso modo* les mêmes questions et ne parviennent pas à résoudre ce qui, sans doute, doit demeurer une énigme sous peine de disparaître et ce que personne n'a même pu nommer de façon satisfaisante : le génie, le talent, le don, la littérarité. La littérature est un objet d'étude toujours fuyant ; qu'on l'approche par l'intuition ou à l'aide d'outils conceptuels sophistiqués, il demeure toujours une part irréductible. Et c'est tant mieux.

De toutes les approches envisagées, celle de Terry Eagleton paraît la plus satisfaisante parce que, justement, elle remet les choses en perspective et accorde à toutes les « techniques » de lecture une place parmi d'autres. À chaque texte, mais plus encore à chaque lecteur – voire même à chaque période de la vie d'un lecteur –, correspond une approche critique. Il est aberrant de demander à un étudiant d'appliquer systématiquement la méthode ou la grille mise au point par un autre ; il n'est pas plus raisonnable de lui demander de développer seul une théorie ou de le laisser filer au gré de sa seule intuition. Celle-ci, pourtant, doit demeurer le point de départ de toute lecture ; et si toute lecture, malgré ses réussites, laisse un manque, il faut aussi que le plaisir en sorte indemne et même accru. En effet, la critique littéraire n'a, finalement, d'autre fonction que de démultiplier le plaisir de la lecture en mettant à jour des niveaux de signification et de construction invisibles lors d'une première lecture.

BIBLIOGRAPHIE

OUVRAGES MÉTHODOLOGIQUES

GUIDES BIBLIOGRAPHIQUES

1. Guide bibliographique des études d'histoire de la littéraire française / Michel Brix ; sous la direction de Jean-Claude Polet. – 3e édition revue et augmentée. – Namur : Bibliothèque universitaire Moretus Plantin, 1992. – 138 p.

OUVRAGES GÉNÉRAUX SUR LA CRITIQUE

2. Introduction aux méthodes critiques pour l'analyse littéraire / sous la direction de Daniel Bergez. – Paris : Bordas, 1990. – 189 p.
3. L'univers du roman / Roland Bourneuf et Réal Ouellet. – Paris : P.U.F., 1975. – 243 p. – (Littératures modernes. SUP).
4. La critique littéraire / Pierre Brunel et alii. – 4e édition. – Paris : P.U.F., 1994. – 128 p. – (Que sais-je ? ; 664).
5. Méthodes du texte : introduction aux études littéraires / ouvrage dirigé par Maurice Delcroix et Fernand Hallyn. – Louvain-la-Neuve : Duculot, 1987. – 391 p.
6. La critique littéraire au XXe siècle / Jean-Yves Tadié. – Paris : Belfond, 1987. – 318 p. – (Les dossiers Belfond).

MÉTHODOLOGIE GÉNÉRALE

7. L'étudiant-chercheur en littérature : guide pratique / Yves Chevrel. – Paris : Hachette, 1992. – 159 p. – (Hachette Supérieur. Littérature).

PRÉSENTATION DES TRAVAUX ÉCRITS

8. Traité de la ponctuation française / Jacques Drillon. – Paris : Gallimard, 1991. – 472 p. – (Tel ; 177).

Critique littéraire au XIXe siècle

Romantisme

9. De la littérature considérée dans ses rapports avec les institutions sociales, tome premier / Germaine de Staël. – Édition critique de Paul Van Tieghem. – Genève : Droz ; Paris : Minard, 1959. – 207 p. – (Textes littéraires français).
10. De la littérature considérée dans ses rapports avec les institutions sociales, tome second / Germaine de Staël. – Édition critique de Paul Van Tieghem. – Genève : Droz ; Paris : Minard, 1959. – 234 p. – (Textes littéraires français).

Sainte-Beuve

11. Réflexions sur les lettres / Charles Augustin Sainte-Beuve. – Paris : Éditions d'histoire et d'art, 1941. – 99 p. – (Cahiers de l'unité française).

Critique positiviste

12. Essais de psychologie contemporaine, tome premier / Paul Bourget. – Édition définitive revue et augmentée d'appendices. – Paris : Plon, 1924. – 358 p.
13. Nouvelles questions de critique / Ferdinand Brunetière. – Paris : Calmann Lévy, 1890. – 386 p.
14. Variétés littéraires / Ferdinand Brunetière. – 2e édition. – Paris : Calmann Lévy, [1905 ?]. – 310 p.
15. Essais de critique et d'histoire / Hyppolite Taine. – 6e édition. – Paris : Hachette, 1892. – 492 p.

Critique littéraire au XXe siècle

Critique érudite

16. Histoire de la littérature française / Gustave Lanson. – 22e édition. – Paris : Hachette, [1930 ?]. – 1266 p.

Critique créatrice

17. Contre Sainte-Beuve / Marcel Proust ; édition établie par Pierre Clarac avec la collaboration d'Yves Sandre. – Paris : Gallimard, 1971. – 1022 p. – (Bibliothèque de la Pléiade ; 229).
18. Physiologie de la critique / Albert Thibaudet. – Paris : Nouvelle revue critique, 1930. – 213 p.

19. Réflexions sur la littérature (II) / Albert Thibaudet. – Paris : Gallimard, [s.d.]. – 312 p.

▲ FORMALISME

20. Théorie de la littérature / textes des Formalistes russes réunis, présentés et traduits par Tzvetan Todorov ; préface de Roman Jakobson. – Paris : Seuil, 1965. – 316 p. – (Tel quel).

▲ CRITIQUE THÉMATIQUE

21. La poétique de la rêverie / Gaston Bachelard. – 4e édition. – Paris : P.U.F., 1968. – 183 p. – (Bibliothèque de philosophie contemporaine).
22. L'espace littéraire / Maurice Blanchot. – Paris : Gallimard, 1955. – 376 p. – (Folio. Essais ; 89).
23. Mensonge romantique et vérité romanesque / René Girard. – Paris : Grasset, 1961. – 351 p. – (Le livre de poche. Pluriel ; 8321).
24. La littérature et la mort / Michel Picard. – Paris : P.U.F., 1995. – 193 p. – (Écriture).
25. Roman des origines et origines du roman / Marthe Robert. – Paris : Gallimard, 1972. – 364 p. – (Tel ; 13).
26. Livre de lectures II : la vérité littéraire / Marthe Robert. – Paris : Grasset, 1981. – 156 p. – (Le livre de poche. Biblio essais ; 4008).
27. L'amour et l'occident / Denis de Rougemont. – Édition définitive. – Paris : Plon, 1972. – 445 p. – (10/18 ; 34).

▲ NOUVELLE CRITIQUE

28. Qu'est-ce qu'un texte ? Éléments pour une herméneutique / sous la direction d'Edmond Barbotin. – Paris : Corti, 1975. – 205 p.
29. Les chemins actuels de la critique / ensemble dirigé par Georges Poulet. – Paris : U.G.E., 1968. – 309 p. – (10/18).

▲ PSYCHOCRITIQUE

30. La folie et la chose littéraire / Shoshana Felman – Paris : Seuil, 1978. – 351 p. – (Pierres vives).
31. Des métaphores obsédantes au mythe personnel. Introduction à la psychocritique / Charles Mauron. – Paris : Corti, 1962. – 380 p.

▲ SOCIOCRITIQUE

32. Mythes et rituels de l'écriture / Claude Abastado. – Bruxelles : Complexe, 1979. – 350 p. – (Creusets).

33. La poétique de Dostoïevski / Mikhaïl Bakhtine ; traduit du russe par Isabelle Kolitcheff ; présentation de Julia Kristeva. – Paris : Seuil, 1970. – 347 p. – (Pierres vives).
34. Dire le littéraire : points de vue théoriques / Jean Bessière. – Liège ; Bruxelles : Mardaga, 1990. – 338 p. – (Philosophie et langage).
35. La distinction : critique sociale du jugement / Pierre Bourdieu. – Paris : Minuit, 1979. – 670 p. – (Le sens commun).
36. Sociologie de la littérature / Collectif. – Louvain-la-Neuve : Université catholique de Louvain, 1992. – 190 p. – (Recherches sociologiques ; volume XXIII, n° 1).
37. Critique et théorie littéraires : une introduction / Terry Eagleton ; préface de Marc Augé ; traduit de l'anglais par Maryse Souchard. – Paris : P.U.F., 1994. – 227 p. – (Formes sémiotiques).
38. Pour une sociologie du roman / Lucien Goldmann. – Paris : Gallimard, 1964. – 372 p. – (Idées).
39. La valeur littéraire : figuration littéraire et usages sociaux des fictions / Claude Lafarge. – Paris : Fayard, 1983. – 352 p.
40. La théorie du roman / Georges Lukacs ; traduit de l'allemand par Jean Clairevoye. – [Berlin ?] : Gonthier, 1963. – 197 p. – (Bibliothèque médiations).

▲ THÉORIES DE LA RÉCEPTION

41. Pour une lecture littéraire, 2 : bilan et confrontations / sous la direction de Jean-Louis Dufays et alii. – Bruxelles : De Boeck : Duculot, 1996. – 381 p. – (Formation continuée).
42. Stéréotypie et lecture : essai sur la réception littéraire / Jean-Louis Dufays. – Liège : Mardaga, 1994. – 375 p. – (Philosophie et langage).
43. Les limites de l'interprétation / Umberto Eco. -- Paris : Grasset, 1992. – 406 p. – (Le livre de poche. Biblio essais ; 4192).
44. La structure absente : introduction à la recherche sémiotique / Umberto Eco ; traduit de l'italien par Uccio Esposito-Torrigiani. – Paris : Mercure de France, 1972. – 447 p.
45. L'acte de lecture : théorie de l'effet esthétique / Wolfgang Iser. – Liège ; Bruxelles : Mardaga, [1985]. – 405 p. – (Philosophie et langage).
46. La lecture comme jeu : essai sur la littérature / Michel Picard. – Paris : Minuit, 1986. – 319 p. – (Critique).
47. Qu'est-ce que la littérature ? / Jean-Paul Sartre. – Paris : Gallimard, 1948. – 374 p. – (Folio. Essais ; 19).

▲ STRUCTURALISME

48. Critique et vérité / Roland Barthes. – Paris : Seuil, 1966. – 79 p.

49. Le degré zéro de l'écriture ; suivi de Nouveaux essais critiques / Roland Barthes. – Paris : Seuil, 1953 et 1972. – 187 p. – (Points ; 35).
50. Poétique du récit / Roland Barthes et alii ; recueil réalisé sous la direction de Gérard Genette et Tzvetan Todorov. – Paris : Seuil, 1977. – 180 p. – (Points ; 78).
51. Communications, 8 : l'analyse structurale du récit / Collectif. – Paris : Seuil, 1981. – 178 p. – (Points ; 129).
52. Fiction et diction / Gérard Genette. – Paris : Seuil, 1991. – 151 p. – (Poétique).
53. Figures III / Gérard Genette. – Paris : Seuil, 1972. – 286 p. – (Poétique).
54. Critique de la critique : un roman d'apprentissage / Tzvetan Todorov. – Paris : Seuil, 1984. – 199 p. – (Poétique).
55. Poétique de la prose (choix) ; suivi de Nouvelles recherches sur le récit / Tzvetan Todorov. – [texte revu et corrigé]. – Paris : Seuil, 1978. – 188 p. – (Points ; 120).

▲ Poststructuralisme

56. S/Z / Roland Barthes. – Paris : Seuil, 1970. – 271 p. – (Points ; 70).
57. L'écriture et l'expérience des limites / Philippe Sollers. – Paris : Seuil, 1968. – 190 p. – (Points ; 24).

Histoire littéraire

▲ Ouvrages généraux

58. L'histoire littéraire aujourd'hui / sous la direction d'Henri Béhar et de Roger Fayolle. – Paris : A. Colin, 1990. – 187 p.
59. Qu'est-ce que l'histoire littéraire ? / Clément Moisan. – Paris : P.U.F., 1987. – 265 p. – (Littératures modernes).

▲ Littérature française

60. Métamorphose de la littérature, de Barrès à Malraux : essais de psychologie littéraire / Pierre de Boisdeffre. – Paris : Alsatia, 1950. – 379 p.
61. De la littérature française = A New History of French Literature / sous la direction de Denis Hollier et François Rigolot pour l'édition française. – Paris : Bordas, 1993. – 1091 p.
62. Panorama de la nouvelle littérature française / Gaëtan Picon. – Nouvelle édition refondue. – Paris : Gallimard, 1960. – 678 p. – (Le point du jour).

TABLE DES MATIÈRES

usages diégétique de la communauté

la critique contextualiste socioethnologique.

« Si mon père vivait, il serait mon meilleur ami » Josias

30 mai 2009